Ravensburger Taschenbücher
Band 500

Wolfgang Ecke (1927–1983)

Sein Name ist zu einem Begriff für gute, spannende Unterhaltung geworden. Seine Bücher beziehen ihre Spannung aus der Aufforderung zum Mitdenken, durch lebendige, oft humorvolle Dialoge – und nicht durch sensationelle Gewalt. Wolfgang Ecke sagte selbst: »Ich behaupte, es gibt keinen Kinder-Krimi! Es gibt nur Kriminalgeschichten, die als Lektüre für Kinder geeignet sind; wobei es unbedeutend ist, ob sie eigens für Kinder geschrieben wurden.«

Er hat über 600 Hörspiele geschrieben, von denen unzählige, ebenso wie ein Großteil seiner über fünfzig Bücher, in viele Sprachen übersetzt wurden. Er war ständiger Mitarbeiter bei zahlreichen in- und ausländischen Radiosendern, schrieb für Jugendzeitschriften, produzierte Platten und auch einige Fernsehfilme. In den Ravensburger Taschenbüchern sind neben mehreren Einzeltiteln folgende Serien von ihm erschienen:

Wer knackt die Nuß?
Perry Clifton
Club der Detektive (auch auf englisch und französisch)
Tom Knall und die Libelle
Meisterdetektiv Balduin Pfiff
Wolfgang Eckes Kriminalmagazin

Für mehr als vier Millionen verkaufte Ravensburger Taschenbücher erhielt Ecke viermal das »Goldene Taschenbuch«.

Wolfgang Ecke selbst über sein Leben:

»Geboren dort, wo Karl May starb: in Radebeul, und zwar am 24. November 1927. Schulbesuch, da Pflicht. ›Sehr gut‹ in Deutsch und Geographie. Alle übrigen Zensuren nicht überlieferungswürdig. Mit 13 Jahren in ein militärisches Internat. Außer Marschieren und Strammstehen auch Klavier, Schlagzeug und Fagott gelernt. Gelungener Versuch, den Krieg unbeschadet zu überleben. Danach Hochschule für Musik und Theater in Dresden. Bereits 1946 aus politischen Gründen von der Hochschule relegiert.«
Zwischen 1945 und 1952 lebte Ecke »abwechselnd überall und in Dresden«. Anfang der 70er Jahre ließ er sich mit seiner Frau und seinen beiden Töchtern (und zwei afghanischen Windhunden und zahlreichen Katzen) im bayerischen Alpenvorland nieder; zuletzt wohnte er oberhalb des Staffelsees in Murnau.

Wolfgang Ecke

Kriminalistisches Schmunzelkabinett

Illustriert von
Gerhard Brinkmann (G. Bri)

Otto Maier Verlag Ravensburg

Die Geschichten
Meisterdetektiv Balduin Pfiff und die Drillinge
Die Zwerg-Zirbel-Zypresse
Zellengespräche
Die Schatzgräber
Und im Wald, das sind die Räuber
wurden erstmals in »Das große Wolfgang Ecke Buch«,
erschienen im Loewes Verlag, Bayreuth, abgedruckt.

Originalausgabe

Umschlagentwurf: Walter Emmrich

Gesamtherstellung: Ebner Ulm
Printed in Germany

10 9 8 7 6 89 88 87 86 85

ISBN 3-473-39500-5

Wer schlachtet schon gerne einen Tausendfüßler...

Es gibt hübsche, unterhaltsame, amüsante, spannende, unglaubliche, verrückte und kriminalistische Geschichten. Nachfolgende ist eine hübsche, unterhaltsame, spannende, unglaubliche, verrückte und — sehr kriminalistische Geschichte. Sie ist so unglaublich, daß man sie für erfunden halten könnte, aber das haben ja unglaubliche Geschichten meist an sich . . .
Halten wir uns nicht mit einer langen Einleitung auf, steigen wir mitten hinein ins Geschehen, das am frühen Abend des 29. September 1972 seinen Anfang nahm.

An einer Tankstelle kurz hinter Tilburg, jener im niederländischen Nord-Brabant gelegenen Stadt, ging ein junger gutgekleideter Mann ungeduldig und fröstelnd auf und ab. Sein Augenmerk galt zwei Dingen: Fahrzeugen, die in die Tankstelle einbogen, und deren Insassen.
Dem Tankwart, einem Burschen von höchstens zwanzig, hatte er gesagt, daß er auf eine Mitfahrgelegenheit nach Belgien, genauer, nach Antwerpen warte. Doch bereits dreimal, als Wagen mit belgischen Kennzeichen zum Tanken vorfuhren, war der Wartende wie vom Erdboden verschwunden.
Der Bursche an der Zapfsäule, der sich darüber wunderte, konnte nicht ahnen, daß der Anhalter auf ein ganz bestimmtes Fahrzeug wartete.
Dann endlich, es war Punkt 18 Uhr, leuchtete wieder einmal der rechte Blinker eines PKW auf. Ein dunkelgrüner Opel Admiral mit Brüsseler Kennzeichen bog in die Tankstelle ein.
Der Fahrer, ein Mann Mitte Dreißig, sportlich gekleidet,

stieg aus, klatschte mit der Hand aufs Verdeck, sicher nur eine dumme Angewohnheit, und rief freundlich:
»Vollmachen bis an den Rand!« Die »Einlaufzeit« vertrieb er sich mit dem, was man unter Füßevertreten verstand.
Und das schien der Augenblick zu sein, auf den unser Mann im eleganten, dunkelblauen Zweireiher gewartet hatte.
Raschen Schrittes schob er sich neben den Fahrer des Admirals, der sein Auftauchen mit unbewegter Miene, nur mit dem Hochziehen der linken Augenbraue, registrierte.
Der junge Mann lächelte und deutete eine Verbeugung an.
»Guten Abend«, wünschte er und bediente sich dabei des Flämischen. »Um von Anfang an einen guten Eindruck zu machen, möchte ich mich gleich vorstellen: Mein Name ist van Doll, und ich habe ein Anliegen!«
Der Fahrer blieb stehen und unterzog sein Gegenüber einer nicht unfreundlich wirkenden Musterung. Das Ergebnis schien positiv, und so fiel das Ablehnende seiner Erwiderung recht launig aus:
»Ich fürchte, Sie haben Pech, wenn Sie an meine Brieftasche appellieren. Ich spende für nichts und niemand, und ich habe auch nicht die Absicht, irgendeiner Sekte beizutreten!«
»Oh, da kann ich Sie beruhigen. Weder sammle ich, noch habe ich die Absicht Ihnen, in welcher Form auch immer, eine Sekte schmackhaft zu machen. Ich bin, ganz einfach, nur ein Anhalter. Sie haben eine Brüsseler Nummer, fahren also nach Belgien. Würden Sie mich ein Stück mitnehmen?«
Ein bereitwilliges Nicken. »Hatten Sie eine Panne?«
»Nicht direkt. Mein Wagen war schon in der Garage nicht angesprungen. Ein Bekannter hat mich bis zur Kreuzung mitgenommen.«
Der Fahrer wandte sich zurück und tippte dabei dem jungen Mann wohlwollend auf die Schulter. »Ich hoffe, Sie haben es nicht eilig, ich bin nämlich keiner von der Formel eins!«
Van Doll winkte ab. »Mich drängt es nicht. Von mir aus können Sie so langsam fahren, wie Sie wollen!«
»Fein, dann sind wir uns ja einig. Übrigens, Höflichkeit gegen Höflichkeit. Mein Name ist Kaspar!«

Herr Kaspar demonstrierte schon recht bald, daß er der Vorsicht einen gewichtigen Rang im Bereich der automobilistischen Fortbewegung einräumte.
Als sie wenige Kilometer hinter der Tankstelle einen langsam fahrenden Viehtransporter eingeholt hatten, blieb er, ohne zu schimpfen oder gar das Lenkrad als Trommel zu benutzen, dahinter.
»Zum Überholen ist es hier zu eng . . .«, entschuldigte er sein Zögern. In diesem Augenblick überholte sie (und den Viehtransporter!) ein VW mit deutschem Kennzeichen. Außerhalb ihres Sehbereichs hörten sie es hupen, sie sahen das Aufleuchten der Bremslichter des Transporters. Und schon raste schattengleich ein entgegenkommender PKW an ihnen vorbei. Offensichtlich hatte es der VW nur knapp geschafft, ihm auszuweichen. Kaspar schüttelte den Kopf.
»Ich werde es nie begreifen, wie Menschen wegen Minuten, oder manchmal sogar nur wegen Sekunden Zeitgewinn das Wertvollste, was sie besitzen, aufs Spiel setzen.«
»Ich bin ganz Ihrer Meinung. Schon deshalb, weil ich denke, daß man verpflichtet ist, diesem Leben die freundlichsten und schönsten Stunden abzugewinnen.«
Kaspar warf seinem Begleiter einen amüsierten Seitenblick zu.
»Hört sich an, als seien Sie so ein Abgewinner.«
Van Doll nickte: »Ich gebe es ohne Scham zu.«
Der Mann am Steuer lachte. »Dann will auch ich eingestehen, daß ich ebenfalls kein Kind von Traurigkeit bin.«
»Sie sehen aber nicht gerade danach aus, als bliebe Ihnen viel Zeit zum Feiern.«
»Zugegeben!« nickte Kaspar. »Nicht jede Festlichkeit sieht mich, aber dort, wo ich es ermöglichen kann, bin ich dabei!« Er stutzte. »Warum schauen Sie mich so bedeutsam an?«
»Sie werden es nicht glauben, Herr Kaspar«, kicherte van Doll belustigt, »aber ich bin in diesem Moment auf dem Weg zu einem Fest.«
»In der Tat?«
»Ja. Es handelt sich um einen Ball für verrückte Normale, der sich ›Ball der Verrücktheiten‹ nennt.«

»Du liebe Güte, was ist denn das?« fragte Kaspar.
»Ein Kostümball!«
»Oh . . .«
»Oder besser ausgedrückt: ein Fest, bei dem derjenige mit Tinte übergossen wird, der als Maskierter oder Kostümierter auch nur ein vernünftiges Wort sagt.«
Und wenn jemand sagt: ›Mir ist heiß!‹ Was dann?«
»Muß er entweder vorher seine Maske abnehmen, sein Kostüm ausziehen oder eine Karaffe grüne Tinte riskieren.«
»Warum ausgerechnet grün?«
»Ich habe nicht die leiseste Ahnung. Vielleicht war die besonders günstig im Angebot. Der Ball findet zweimal im Jahr statt. Einmal am 29. September und das andere Mal am 29. April.«
Kaspar nickte vor sich hin. »Klingt wirklich appetitlich, was Sie da erzählen. Wer nimmt denn daran teil?«
»Ach, alle möglichen Leute. In erster Linie Künstler, dann ein paar Geschäftsleute und von beiden Teilen Freunde.«
»Ich nehme an, Sie gehören zur Kategorie der Künstler!«
»Erraten!«
»Und das ist drüben in Belgien?«
»Nein, nein, noch diesseits der Grenze. Das Etablissement befindet sich in einer alten Mühle, die irgendeinem königlichen Verwandten gehört. Das Ereignis hat übrigens noch eine zweite Besonderheit: Als Getränke werden nur Sekt und Tomatensaft angeboten.«
»Klingt immer appetitlicher.«
Sie fuhren eine Weile schweigend dahin.
Kurz nachdem der Transporter endlich hinter ihnen lag, wandte sich van Doll plötzlich dem Fahrer zu. Seine Augen blickten verschmitzt, und in seiner Stimme schwang etwas Verschwörerhaftes mit:
»Ich lade Sie hiermit zu dem Fest ein. Sozusagen als Gegenleistung für den Transport.«
»Führen Sie mich nicht in Versuchung, mein lieber junger Freund!«
»Sagten Sie nicht, Sie seien kein Kind von Traurigkeit?«
»Das schon, aber mein Lebensrhythmus ist ziemlich ge-

normt. Da bleibt wenig Zeit für außerplanmäßige Abenteuer. Ich fahre zum Beispiel jeden Freitag um die gleiche Zeit von Rotterdam in Richtung Brüssel. Ich nehme immer dieselbe Route und tanke ebenso immer an derselben Tankstelle. Es ist die, bei der wir uns trafen. Am Montag geht es dann in umgekehrter Reihenfolge zurück nach Rotterdam.«
Van Doll zuckte bedauernd mit den Schultern. »Es war nur ein Angebot . . .«
»Ich weiß es zu schätzen . . .«
»Sie brauchten ja nicht bis morgens zu bleiben, da Sie selbst mobil sind. Ab Mitternacht ist ohnehin ein ständiges Kommen und Gehen. Niemand wäre beleidigt, wenn Sie sich vor Ende der Festlichkeit entfernen würden.«
Noch ein kurzes Zögern, dann ein unternehmungslustiges Nicken. »Gut, ich nehme Ihr Angebot an. Warum auch nicht. Ich liebe Verrücktheiten.« Doch dann fiel ihm ein Hemmnis ein. »Geht nicht, ich habe ja keine Maske.«
»Werde ich an Ort und Stelle besorgen. Ich bin diesmal auch unkostümiert und nehme nur eine Maske. Allerdings wird um diese, noch ziemlich frühe Stunde noch nicht allzuviel los sein.«
»Hauptsache Sekt und Tomatensaft sind schon kalt. Sie sagten vorhin etwas von ›Mühle‹. Ich fahre diese Strecke seit reichlich zwei Jahren, aber von einer Mühle ist mir nichts bekannt.«
Van Doll tat geheimnisvoll. Mit gesenkter Stimme sagte er: »Lassen Sie sich überraschen. Sie liegt romantisch, verborgen und versteckt.«

Sie fuhren noch eine Viertelstunde auf der Hauptstraße dahin.
»Gleich hinter dem Straßenwärterhäuschen zweigt ein Weg rechts ab. Dort müssen wir abbiegen!« ließ van Doll wissen.
Es war wirklich nur ein Weg. Holprig und schmal. Kaspar schaltete die Scheinwerfer ein.
Einen halben Kilometer etwa ging es durch ein Wäldchen. Dann öffnete sich der Wald zu einer großen Lichtung, in deren Mitte ein eigenartiges, weißgetünchtes Gebäude im Licht

der Scheinwerfer auftauchte. Es handelte sich um einen Rundbau mit einem halben Dutzend großer Fenster.
Kaspar lenkte seinen Wagen zwischen einen VW mit deutschem Kennzeichen und einem dunkelblauen Ford mit Amsterdamer Nummer. Weiter links parkten noch zwei Fahrzeuge mit belgischen Schildern.
»Also, wer darin eine Mühle erkennen will, der muß schon viel Fantasie mitbringen«, meinte Herr Kaspar. Und er gab sich dabei vergeblich Mühe, seine Neugier zu unterdrücken.
»Soll es aber mal in grauer Vorzeit gewesen sein. Die obere Hälfte der Mühle, so hat man es mir erzählt, ist einem Feuerchen zum Opfer gefallen und danach nicht mehr erneuert worden. Man hat eben nur ein Dach auf den Rest geknallt, und nun sieht die Mühle eben wie ein Pilz aus.« Van Doll lachte. Während er den Sicherheitsgurt abschnallte, fuhr er fort: »Viele scheinen noch nicht da zu sein. Gedulden Sie sich bitte einen Augenblick, ich melde uns an und besorge Masken.«

Kaspar schaltete das Licht aus, lehnte sich zurück und begann zu warten. War es dumm gewesen, die Einladung anzunehmen? Ach was, die zwei Stunden waren zu verschmerzen. Ja, zwei Stunden wollte er bleiben. Keine Minute länger.
Weniger als fünf Minuten waren vergangen, als van Doll wieder auftauchte. Etwas außer Atem setzte er sich neben Kaspar und hielt diesem eine Halbmaske hin, von dessen oberem Rand eine Feder herunterhing. Kaspar drückte auf den Knopf der Innenbeleuchtung und wendete das nach irgendeiner Art von Leim riechende Gebilde hin und her.
»Das scheint das Gesicht eines Indianers darstellen zu sollen, hm, was meinen Sie?«
»Eines sehr berühmten sogar. Er hieß Sitting Bull.«
»Na«, lächelte Kaspar, »ich bezweifele, daß Mister Bull viel Gefallen an einer solchen Wiedergabe finden würde. Und Sie haben sich ein Fuchsgesicht organisiert?«
»Aber, aber«, tat van Doll enttäuscht, »wie können Sie so was sagen. Das soll ein Eichhörnchen sein.«

»Ich bitte um Entschuldigung. Ich scheine meine zoologischen Kenntnisse überschätzt zu haben. Wie viele Gäste sind denn schon anwesend?«
»Sieben Vollkostümierte! Darunter die Herzogin von Dorchester, Kleopatra und eine Gräfin aus dem Gefolge Ludwig des Vierzehnten. Außerdem habe ich von weitem Till Eulenspiegel und Napoleon gesehen.«
»Illustre Gäste . . .«
»O ja. Beim letzten Tintenball waren allein neun regierende Monarchen mit von der Partie.«
»Ich bin beeindruckt.« Kaspar grinste fröhlich. Die Sache machte ihm immer mehr Spaß.
»Also, Herr Kaspar, wie ist es, wollen wir uns ins kleine Getümmel stürzen?«
»Von mir aus gern. Wie viele Gäste werden denn erwartet?«
»Ich weiß es nicht. Aber wenn ich an die bisherigen Bälle denke, so waren es immer zwischen fünfzig und sechzig. Und noch eines: Denken Sie an die grüne Tinte. Kein vernünftiges Wort. Machen wir eine kleine Probe zum Eingewöhnen. Ich frage Sie: Was halten Sie von sauer-süß eingelegten Maikäfern?«
»Wer schlachtet schon gern einen Tausendfüßler?« erwiderte Kaspar prompt, und van Doll nickte begeistert. »Sie sind der richtige Mitbringgast. Kommen Sie!«

In dem großen, mit Teppichen und Brücken ausgelegten Raum brannten ein gutes Dutzend Wandleuchter und verbreiteten ein warmes, gedämpftes Licht.
Die Bar dagegen, die an der linken Wandseite auf Zecher wartete, wurde zusätzlich von einer Armee Kerzen erhellt.
Es gab eine Unzahl gepolsterter Sitz- und Liegemöglichkeiten, deren Bespannung durchweg in pastellfarbenen Tönen gehalten waren.
Etwas ungewöhnlich mutete lediglich die Zusammenstellung von drei gerahmten Bildern an, die zwischen einer geschnitzten afrikanischen Totenmaske und einem aufgespannten Skalp hingen. Das linke Bild zeigte einen wohlbe-

leibten Mann undefinierbaren Alters mit Doppelkinn und braungebrannter Glatze, der lachend zuoberst auf einem Stapel riesiger Käseräder thronte. Das mittlere Bild ließ, mild lächelnd, die holländische Königin aus dem Rahmen gucken, während das Foto rechts das alles andere als lieblich anzusehende Porträt einer französischen Bulldogge war.
Eine nach oben führende, freihängende Treppe war mit einem Geländer aus Bambus versehen.
Aus vier Lautsprechern erfüllte quadrophonisch dezente Musik den Raum.
Drei Kostümierte standen an der Bar, zwei tanzten und ein kleiner, als Napoleon aufgeputzter Mann mit Augenmaske, stand in der Mitte des großen Runds und deklamierte komische Verse. Als er die beiden Neuankömmlinge erblickte, änderte er sofort die Thematik, schob seine Rechte in den Rock, reckte den Kopf und trat den beiden erhobenen Hauptes wie der Korse auf den Gemälden entgegen.
Laut rief er:

»Heda, heda, ein Gesicht mit Knitter,
Sitting Bull, der edle Ritter.
Sei mir gegrüßt, alter Banause,
wie wärs mit einem Gläschen Brause?«

Sitting Bull, alias Herr Kaspar, ließ einmal seine Gänsefeder rotieren und deutete eine Verbeugung an.

»Majestät, wenn Ihr erlaubt, es tät mir gut —
zuerst ein Glas Tomatenblut.«

Napoleon nahm verärgert die Hand aus der Montur und schleuderte sie ihm entgegen. Dazu zeterte er aufgebracht: »Hör zu, du altes Indianergesicht, wenn hier einer dichtet, dann bin ich's! Das hat mir gerade noch gefehlt: eine reimende Rothaut als Konkurrenz . . .«
Er wandte sich der Bar zu und rief mit durchdringender Stimme: »He, Kleopatra, komm her und kümmere dich mal um diesen Sioux hier, ich habe ein paar aufschlußreiche Worte mit dem Eichhörnchen zu flüstern!«
Kleopatra winkte ab. — »Keine Lust, Knöpfchen. Bin heute nicht auf Präriegeplauder eingestellt.«
»Habt ihr das gehört, sie hat mich Knöpfchen genannt«,

entrüstete sich Napoleon. Er rammte seinen rechten Fuß in den Perser und keifte: »Zur Strafe auf der Stelle einen Reim, oder ich lasse dich von Sitting Bull skalpieren.«
Kleopatra schob sich von der Bartheke ab und kam auf die Dreiergruppe zugeschlendert. Und je näher sie kam, um so deutlicher wurde, daß das Kostüm für eine Kleopatra mit Übergewicht geschneidert war und nicht für die augenblickliche Trägerin. Auch was die Schönheit anbetraf, blieb die nachgemachte Kleopatra einiges schuldig. Eine etwas knollige Nase beherrschte ein breitflächiges Gesicht voller Sommersprossen.
»Du wolltest einen Reim?« Sie lächelte Napoleon hinterhältig zu. Der nickte nachdrücklich.
»Also: Unser wirklich kleiner Kaiser, ist in Wirklichkeit ein kleiner Sch ...«
»Halt!!!« fuhr Majestät dazwischen.
»... ›schöner Weiser!‹ wollte ich sagen. Warum läßt du mich nicht ausreden!« Kleopatra winkte Napoleon noch einmal zu und wandte sich dann an Kaspar, während der »große Korse« versuchte, van Doll wegzuziehen.
»Hallo, Sioux, ich bin Kleopatra!« flötete die kostümierte Dame in schmeichlerischem Tonfall. Als sie sah, daß die beiden anderen noch immer zu ihnen hinblickten, fauchte sie: »Tummelt euch, ich brauche keine Zuhörer!«
»Einspruch!« rief van Doll.
»Zisch ab!!!«
»Na, komm schon, Eichhörnchen. Reden wir über die Winterverpflegung meiner Truppen.«
»Ich hab schon eine Menge über dich gehört, Kleopatra«, nahm Kaspar launig das Gespräch auf.
»Hoffentlich nur Gutes.«
»Das wäre übertrieben. Man erzählte mir zum Beispiel, du seiest so kurzsichtig, daß du neulich zu einem Lastauto ›Seid gegrüßt, Römer!‹ gesagt hättest.«
Kleopatra funkelte Kaspar an.
»Eine glatte Lüge, eine billige Verleumdung. Ich habe gesagt: ›Seid gegrüßt, Legionäre!‹ Und das klingt ja wohl ein bißchen anders.«

»Zugegeben, das tuts.«
Sie zwinkerte Sitting Bull verschmitzt zu. »Von dir erzählt man sich auch so allerlei, Häuptling.«
»Ach, was denn?«
»Zum Beispiel, daß du nur lebendes Büffelfleisch essen würdest.«
Häuptling Kaspar nickte traurig.
»Stimmt. Leider ist diese Leidenschaft mit großem körperlichen Aufwand verbunden.«
»Wieso das?«
»Nun, renn doch mal während des Essens mit Messer und Gabel neben einem laufenden Büffel her.«
Kleopatra schüttelte sich angeekelt. »Pfui«, fiepte sie, »du bist ein richtiges Ferkel, Sioux. Soll ich dir was sagen?« Sie ließ die Mundwinkel herabfallen. »Du paßt zur Gräfin!«
»Welche ist das, Kleopatra?«
»Die an der Bar mit der Hochfrisur und den abstehenden Ohren.«
»Sie sieht doch aber ganz manierlich aus. Übrigens haben abstehende Ohren einen großen Vorteil!«
»Davon habe ich noch nichts gehört.«
»Aber doch. Kein Hut rutscht dir über die Augen. Du kannst schon als Kind sämtliche verwandtschaftlichen Übergrößen auftragen, ohne dabei blind zu werden. Was ist mit der Gräfin?«
»Die fährt jeden Sonntag ins Grüne und sammelt Eier von roten Waldameisen.«
»Und wozu?«
»Zum Likörmachen. Außerdem schläft sie auf Tannenzapfen, betet eine einäugige Kuh an und geht montags nur auf einem Bein. Ich habe sie sogar in Verdacht, hellhören zu können. Dort kommt sie!«
Tatsächlich näherte sich ihnen die hochfrisierte Lady von der Bar. Sie steckte in einem Kostüm, das dem höfischen Barock nachempfunden zu sein schien. Sie war stark geschminkt und gepudert, und irgendwie erinnerte sie Kaspar an einen weiblichen Zirkusclown.
»Mir klang das rechte Ohr, mir schien, ihr spracht von mir.

Hallo, Rothaut!« Sie schlug ihm leicht mit ihrem Fächer auf die Schulter.
»Hallo, Gräfin! Kleopatra hat mir gerade hinter der vorgehaltenen Hand verraten, daß Madame eine Abneigung gegen das Zähneputzen haben und im vergangenen Sommer ›Miß Mundgeruch‹ werden konnten. Meine herzlichste Gratulation.«
Kleopatra brach in prustendes Lachen aus, während ihr die Gräfin den Fächer über den Scheitel haute. Noch immer kichernd suchte die Ägypterin das Weite.
»Sie ist eine Kanaille, aber ich zahle es ihr zurück!« zischte die Gräfin. »Ich werde Ludwig empfehlen, sie an ihren eigenen Korsettstangen aufzuspießen.«
»Oh, es dürfte Ihrem Ludwig schwerfallen, in jenem Kostüm Korsettstangen zu finden.«
»Macht nichts, dann soll er meine nehmen. Wußten Sie, daß Kleopatra Schweißfüße hat?«
»Leider war das für mich bisher ein Geheimnis . . .«

Edmond Kaspar amüsierte sich königlich — eine halbe Stunde lang.
»Miß Mundgeruch« hatte ihn zur Bar geschleppt, wo er sich zwei Gläser Tomatensaft einverleibte. Auf den Sekt verzichtete er trotz lebhaften Zuredens. Anerkennend stellte er fest, daß die Bar fast so gut sortiert war, wie die des Grandhotels in Scheveningen.
Doch es sollte nicht die einzige Entdeckung dieser fünf bis sechs Minuten bleiben.
Auf dem Weg zu einer üppigen Sitzecke fiel sein Blick zufällig durch eines der Fenster. Sicher lag es an seiner Begabung, in Bruchteilen von Sekunden optische Eindrücke richtig einzuordnen. Was er wahrnahm waren zwei Schatten, die sich im Lichtschein einer Taschenlampe am linken hinteren Rad seines Wagens zu schaffen machten.
Kaspar ließ sich nichts anmerken, sondern tat, als unterhalte er sich über alle Maßen bei den Blödeleien der beiden Damen, die sich seiner jetzt wieder gemeinsam angenommen hatten. Unauffällig überflog er den Raum.

Napoleon und sein Begleiter van Doll waren verschwunden! Das Pärchen tanzte, und Till Eulenspiegel prostete ihnen von der Theke aus mit einem Glas Champagner zu. Fünf Minuten vergingen . . .
Zehn Minuten. Kaspar machte es immer mehr Mühe, weiter den Unbefangenen zu spielen. Endlich, eine gute Viertelstunde mochte seit der Entdeckung vergangen sein, kamen van Doll und Napoleon zurück.
Während ersterer zur Bar eilte, wandte sich Napoleon dem Schallplattenschrank zu.
Jetzt handelte Edmond Kaspar . . .
Er sah seine Hand von allen Seiten an und schloß sie mehrmals zur Faust.
»Hat der Häuptling einen Krampf?«
»Nein, teuerste Gräfin, ich klebe. Irgendein Lakai scheint den Tomatensaft mit Tapetenkleister vermischt zu haben.«
»Die Büffel werden sich freuen, wenn dir die Magenwände zukleben«, kicherte Kleopatra.
Kaspar wandte sich an die Gräfin: »Eine diskrete Frage, Madame Bleichgesicht, können Sie mir verraten, wo sich der rote Mann mal die Hände waschen kann?«
»Aber natürlich. Die Quelle befindet sich hinter der Tür neben der Ritterrüstung.«
»Danke . . .«
Gemütlich, ohne jede Eile näherte sich Kaspar besagter Tür. Doch kaum hatte er sie hinter sich geschlossen, kam Bewegung in ihn. Jede Sekunde zählte ab jetzt. Das Fenster ließ sich geräuschlos öffnen. Es war allerdings so klein, daß er sich mit dem Kopf voraus durchschieben mußte. Trotzdem hielt ihn das nicht sonderlich auf, und passieren konnte dabei kaum etwas, da sich das Fenster nur knapp zwei Meter über dem Erdboden befand. In gebückter Haltung, sich im Schatten haltend, hastete er um das Gebäude.
Niemand war zwischen den Fahrzeugen zu sehen. Ebensowenig, wie sich die Anzahl der Feiernden verändert hatte, war die Zahl der parkenden Fahrzeuge größer geworden. Zusammen mit seinem Admiral standen fünf PKW auf dem Hof.

Ohne Rücksicht auf seine Bekleidung zu nehmen, kniete sich Kaspar neben das Rad, an dem man sich zu schaffen gemacht hatte. Doch ohne Licht konnte er nichts entdecken. Luft, beziehungsweise Reifendruck, schienen in Ordnung.
Er mußte es riskieren!
Blitzschnell huschte er zu dem VW und öffnete die Ventile der beiden hinteren Reifen. Das gleiche wiederholte sich am Ford. Nun mußte er hinüber zu den beiden anderen Wagen. Bei einem davon handelte es sich um einen PS-starken italienischen Sportwagen, der letzte war ein Cooper. Das leise Pfeifen der entweichenden Luft erschien ihm wie das Festtagsläuten von Glocken.
Bestimmt waren seit seinem Betreten der Toilette noch keine fünf Minuten vergangen. Und doch kam es ihm vor, als sei er bereits seit einer Ewigkeit unterwegs.
Er atmete schnell und tief durch, als er die Wagentür leise ins Schloß zog.
In dem Augenblick, als er den Admiral startete, tauchte eine Gestalt unter der erleuchteten Tür auf.
Van Doll! Die Maske auf die Stirn geschoben. Er sah zu ihm hin. Entsetzt, wie es Kaspar schien. Aber dieser Eindruck konnte natürlich auch Produkt seiner angespannten Nerven sein.
Als die Scheinwerfer van Doll voll trafen, legte der sich zuerst den Arm über die Augen, dann begann er wild zu winken.
Steine wirbelten krachend gegen das Chassis, als Kaspar den schweren Wagen zurücksetzte, schaltete und davonschoß.
Auf der Hauptstraße drückte er das Gaspedal bis zum Bodenbrett durch — ganz gegen seine sonstige Gewohnheit.
Edmond Kaspar hatte das Gefühl, soeben einer tödlichen Bedrohung entgangen zu sein . . .

1. Oktober 1972.

Zwei Tage nach dem Vorfall konnte man in der größten Brüsseler Sonntagszeitung zwei Meldungen lesen, von de-

nen wohl die allerwenigsten wußten, daß sie etwas miteinander zu tun hatten, oder auch, daß die eine ohne die andere gar nicht möglich gewesen wäre.
Und hier Text Numero eins unter der Balkenüberschrift:

SENSATIONELLER DIAMANTENRAUB

Eine Bande Maskierter, unter denen sich zweifelsfrei auch Frauen befanden, drangen in den frühen Morgenstunden des Freitags in das Haus des Diamantenhändlers Jaap ten Eulen in Utrecht ein und erbeuteten Edelsteine im Wert von 3 Millionen Gulden.
Die Bande fesselte das Ehepaar ten Eulen und zwei Hausbedienstete, so daß die Polizei erst am Freitagvormittag von Angestellten, die keinen Einlaß fanden, alarmiert wurde.
Die sofort eingeleitete Großfahndung zeitigte noch keine konkreten Ergebnisse. Die Polizei ist der Annahme, daß die Räuber versuchen werden, die Ware über die Grenze zu bringen.

Soweit diese Meldung. Die Überschrift der zweiten bestand aus einer Frage:

WER SAH UNBEKANNTE PARTYGÄSTE?

Unbekannte verschafften sich in der zweiten Hälfte der vergangenen Woche gewaltsam Zutritt zu dem Land- und Jagdhaus des Käsefabrikanten Ari van Bergissen aus Gouda.
Sie feierten in dem äußerst abgelegenen Haus im niederländisch-belgischen Grenzbereich eine Party, bei der man sie allerdings gestört haben muß. Ihr Aufbruch erfolgte überhastet. Entweder hielten sie es nicht für nötig, oder aber ihnen fehlte die Zeit, Licht und Phonoanlage auszuschalten, sowie Türen und Fenster zu ver-

schließen. Den frischen Reifenspuren konnte die Polizei entnehmen, daß es sich bei den ungeladenen Gästen um eine größere Anzahl Personen gehandelt haben muß, denn sie waren mit fünf Fahrzeugen vorgefahren.
Sachliche Hinweise nehmen alle polizeilichen Dienststellen im belgisch-niederländischen Grenzgebiet entgegen.

Auch Edmond Kaspar, Beamter in der EUROPÄISCHEN KOMMISSION FÜR TRANSPORT UND VERKEHR, gehörte zu den Lesern. Und er spürte einen Anflug von Gänsehaut, als er an den Freitag zurückdachte. An seine Flucht und an die unzähligen Gespräche am Freitag und am Sonnabend ...

Jetzt, es war Sonntagvormittag, 11 Uhr 45, stand er in der Brüsseler Wohnung seiner verreisten Mutter, schlürfte genüßlich eine Hühnerbrühe und sah zum Fenster hinaus. Er wußte, daß er sich nicht geirrt hatte, sie waren es! Wie lange würden sie brauchen? Drei Minuten, vielleicht vier oder fünf? Unbeweglich blieb er am Fenster stehen.
Die Tür zur Diele stand offen.
Genau sechs Minuten waren vergangen, als es klingelte. Kaspar setzte die Tasse auf den Tisch und ging zur Tür.
Die nächsten Sekunden verliefen genauso, wie er es sich vorgestellt hatte.
Sie waren nur zu zweit. Wahrscheinlich sicherte Till Eulenspiegel die Haustür.
Napoleon drückte ihm einen bullig aussehenden Revolver in den Magen, während Kleopatra die Tür schloß. Ohne Maskerade wirkte sie noch weniger anziehend.
»Mach keine Fisimatenten, wir wissen, daß deine Mutter nicht da ist!« zischte Napoleon, der auch in Zivil nicht größer wirkte.
»Grüß dich, Napoleon ... Grüß auch dich, schöne Kleopatra mit den Schweißfüßen. Wo sind die übrigen Festteilnehmer?«

Kleopatra streifte Kaspar nur mit einem eisigen Blick grenzenloser Verachtung.
»Maulhalten und zuhören!« befahl Napoleon und verstärkte den Druck in Kaspars Magen. »Du hast genau dreißig Sekunden Zeit, um uns zu sagen, wo der Reifen mit den Steinen ist!«
»Du sprichst von der Beute, die ein harmloser Trottel für euch über die Grenze schaffen sollte?«
»Zehn Sekunden sind gleich vorbei.«
»Mach deinem roten Bruder ein vernünftiges Angebot, und wir werden sehen.«
»Nun sieh dir diesen Trotzkopf an«, höhnte Kleopatra, »er will uns erpressen. Und so was nennt sich europäischer Beamter.«
Weil Napoleon wußte, daß seine Position im Augenblick die schlechtere war, lenkte er ein. »Na gut, du hast die Klunker über die Grenze gebracht, obwohl mit einem hinterhältigen Trick . . .«
»Aber, aber, wie kannst ausgerechnet du mir hinterhältige Tricks vorwerfen. Dafür seid doch eher ihr zuständig!« winkte Kaspar lächelnd ab.
»Schieß ihm doch ein Loch in seine europäische Beamtenzehe«, giftete Kleopatra, und insgeheim war Kaspar froh, daß sich die Waffe in Napoleons Hand befand.
Und Napoleon ließ auch keine Zweifel darüber aufkommen, wer zur Zeit das Sagen hatte.
»Halt endlich die Klappe, Lu!« rief er energisch. (Ob sie Lulu hieß??) Und zu Kaspar: »Du willst also einen Anteil. Okay! Zusammen mit dir sind wir neun. Du kriegst ein Neuntel vom Erlös!«
»Und wann?«
»Sobald die Ware verkauft ist.«
»Eine Antwort hätte ich noch gern, bevor ich weiterverhandle: Wie seid ihr ausgerechnet auf mich als Transportunternehmen gekommen?«
»Das ist das Ergebnis langer Recherchen. Der Lord . . .«
»Wer ist der Lord?«
»Dein Anhalter! Also, der Lord hat in Rotterdam zufällig

gehört, wie du jemandem erklärtest, ein Gewohnheitsmensch übelster Sorte zu sein . . .«
»Übelster Sorte? Das soll ich gesagt haben?«
»So ist es! Daß du immer zur gleichen Zeit dieselbe Route fährst, an derselben Tankstelle tankst und so weiter, und so fort. Danach haben wir unseren Plan aufgebaut. Du warst von Anfang an ein Aktivposten in unserer Rechnung.«
»Wie schmeichelhaft. Was hältst du nun von meinem Plan: Ich gebe die Diamanten an Jaap ten Eulen zurück und kriege von dem das Fünf- bis Zehnfache eures schäbigen Neuntels.«
»Das würdest du nie wagen!« keifte Kleopatra.
»Ich habe schon mit ihm telefoniert. Er freut sich auf das günstige Geschäft.«
Napoleon schluckte, und mit heiserer Stimme behauptete er: »Eher schieß ich dir den Blinddarm in zwei Hälften.«
Kaspar seufzte. »Du machst es einem verflixt schwer!«
»Los, Tob, gib ihm eine Narkose. Wir durchsuchen jetzt die Wohnung!« zischte Kleopatra haßerfüllt.
Napoleon zögerte.
»Auf was wartest du noch?
»Also, wie stehts?« fragte Napoleon ungeduldig und nervös. Er ließ es sich gefallen, daß Kaspar behutsam die Hand mit der Waffe zur Seite schob.
»Das wird euch Venhalden sagen!«
»Wer ist Venhalden?« Mißtrauen erfüllte Napoleons Stimme.
Eine Tür öffnete sich.
»Das bin ich«, sagte ein breitschultriger Mann. »Polizeikommissar Venhalden.«
Und Kaspar: »Vielleicht verstehst du es besser, wenn ich sage: Häuptling Venhalden und seine Brüder vom Nachbarstamm . . .«
Kleopatra schüttelte voll verzweifelter Wut ihre Fäuste. »Ich habe dich von Anfang an für einen Gauner gehalten, du . . . du . . . du Sitting Bull . . .«
»Ja, ja, Kleopatra, wer schlachtet schon gern einen Tausendfüßler . . .«

Meisterdetektiv Balduin Pfiff und die Drillinge

»Großer Meister, Sie müssen mir unbedingt helfen!« jammerte Eilenfried Semmel, rieb mit der rechten Hand verzweifelt seine gurkenähnliche Nase und mit der linken das Ohrläppchen.

Balduin Pfiff, 166 Zentimeter klein, 199 Pfund schwer, pfiffig, kugelrund und kurzbeinig, stupste dem Besucher seinen kleinen dicken Zeigefinger in den Bauch und wiederholte breit und gemütlich: »Sie werden also jede Nacht ein paarmal angerufen, und wenn Sie sich melden, meckert jemand am anderen Ende der Strippe, so war's doch?«

»Aber nein, aber nein«, rief Eilenfried Semmel aufgeregt und stieß beschwörend seine Arme von sich. »Es meckert nicht, es lacht!«

»Heiliges Kanonenröhrchen«, schimpfte der Meisterdetektiv mit dem ausgeprägten Geruchssinn und dem nimmermüden Appetit, »das meine ich doch mit Meckern!«

»Ach so ...«, nuschelte Eilenfried und musterte Balduin mißtrauisch mit halbgeschlossenen Augenlidern. »Sie meinen mit Meckern Lachen.« Ganz so leicht wollte ihm das nicht in den Kopf.

»Lieber Herr Semmel ...«, begann Balduin Pfiff, holte dann ganz tief Luft, hielt mitten im Luftholen inne, winkte ab und sagte fast traurig: »Manche lachen eben meckernd!«

Herr Semmel nickte stumm.

»Fein. Dann erklären Sie mir mal, wie Ihr Lacher lacht!«

»Es klingt wie ein Lachsack!«

»Hehehehe ...«

»Warum lachen Sie?« zürnte Herr Semmel. »Mir ist nicht danach zumute.«

»Bei einem Lachsack muß ich immer lachen!« erklärte der Meisterdetektiv und fuhr fort: »Es ruft Sie einer an und hält Ihnen einen Lachsack ans Ohr. Wirklich komisch, das. Und noch nie hat der Anrufer ein echtes eigenes Wort von sich gegeben?«
»Noch nie!« antwortete Eilenfried und schien den Tränen nahe. »Ich bin ständig todmüde, weil ich keine Nacht mehr richtig schlafen kann.«
Balduin Pfiff marschierte viermal mit raschem Links-zwo-drei-vier durch das Zimmer, dann blieb er vor Semmel stehen, nickte und sagte: »Ich werde heute abend zu Ihnen kommen. Vielleicht gelingt es mir, dem Lachsack ein paar Worte zu entlocken.«
»Oh!« Eilenfried Semmel strahlte. »Ich bin ihnen wirklich über alle Maßen dankbar, lieber großer Meister. Jetzt ist mir gleich wohler! Soll ich einen kleinen Imbiß für Sie vorbereiten?«
Balduin Pfiffs Kopf ruckte in die Höhe, und mit einer steilen Falte zwischen den Augenbrauen musterte er Semmel.
»Sie sind wohl gar ein Geizkragen, was?« fragte er.
»Aber niemals!« beeilte sich Herr Semmel zu versichern, und die Vorstellung, Balduin Pfiff könnte seine Zusage zurücknehmen, ließ ihn erzittern. »Niemals!!« wiederholte er eine Spur kräftiger.
»Warum reden Sie dann von einem kleinen Imbiß?« Der Detektiv dehnte dabei das »ei« von »kleinen« auf drei Meter fünfzig.
»A-A-Alles, was Sie wollen, großer Meister!« stammelte Herr Semmel erschrocken und atmete gleichzeitig erleichtert aus. Wenn's nur daran lag ... Er machte eine einladende Armbewegung und forderte Balduin Pfiff auf: »Sagen Sie, was Sie vorfinden möchten, und es wird auf Sie warten!«
Balduin Pfiff trommelte sich zufrieden auf sein Bäuchlein und begann nach einem genießerischen Schnalzen aufzuzählen: »Dann besorgen Sie zwei Liter eisgekühlte Buttermilch, zwei Pfund Aufschnitt, kaltes Fleisch dabei nicht vergessen, portugiesische Ölsardinen, ein Pfund Tomaten, bitte schnittfest, Erdnußbutter und ein paar knusprige Pariser Brote!«

»Oh . . .«, staunte Eilenfried Semmel.
Balduin Pfiff nickte ernsthaft und sagte leise:
»Man muß schließlich mit einer langen Nacht rechnen!«
Und laut: »Ich werde pünktlich um 20 Uhr bei Ihnen sein!«

Der kleine Detektiv hielt Wort. Als es vom Turm der Franziskanerkirche 20 Uhr schlug, drückte er Semmels messingfarbenen Klingelknopf.
Und wenig später war er dabei, das mitgebrachte Tonbandgerät mit dem Telefon zu koppeln.
Die Zeit verging . . .
Es wurde 22 Uhr . . . (sämtliche Teller und Schüsseln waren bereits leer!!)
Es wurde 23 Uhr . . .
Es wurde 23 Uhr 30.
23 Uhr 43. Rrrrrrr . . .
Eilenfried Semmel und Balduin Pfiff sprangen gleichzeitig hoch.
Rrrrrrrrr . . . machte das Telefon.
»Mein Herz klopft wie ein Dampfhammer!« flüsterte Eilenfried, und Balduin Pfiff zischte: »Ruhe im Karton!!«
Rrrrrrrrr . . .
Balduin Pfiff drückte auf die Tonbandtaste und nahm den Hörer ab: »Hallo, Heinzimännlein, mein Lieber, warum rufst du so spät an?« zwitscherte er in allerhöchsten Tönen.
»Oh, Verzeihung, da habe ich mich wohl verwählt!« sagte eine Stimme, und es knackte.
Balduin Pfiff legte behutsam auf und seufzte: »Heiliges Kanonenröhrchen!«
Eilenfried Semmel packte ihn am Arm, und mit aufgerissenen Augen fragte er heiser: »Hat er gelacht?«
Balduin ließ das Band zurücklaufen, warf Semmel einen vielsagenden Blick zu und flüsterte geheimnistuerisch: »Gleich werden wir mehr wissen, lieber Herr Semmel. Gleich passiert's . . . Achtung!«
Er drückte die Stopptaste und anschließend auf den Vorwärtsgang . . .

Stille, nur ein sanftes Rauschen.
Dann: »Hallo, Heinzimännlein, mein Lieber, warum rufst du so spät an?« — Pause. »Oh, Verzeihung, da habe ich mich wohl verwählt!«
Balduin Pfiff schaltete ab und wandte sich Eilenfried Semmel zu, der in diesem Augenblick rückwärts taumelte und bleich und bebend in den nächsten Sessel sank.
»Na???« wollte Balduin Pfiff wissen.
»Das — das können nur Ottofried oder Abelfried gewesen sein.«
Der Detektiv musterte Semmel mißtrauisch. »Was für Friede?«
»Meine Drillingsbrüder Ottofried und Abelfried! Wir sind alle miteinander verfeindet.«
»Heiliges Kanonenröhrchen!« staunte Balduin Pfiff.
»Seit Jahren spricht keiner mit dem anderen.«
»Hohoho«, tönte Balduin, »mit mir werden die beiden schon sprechen. Und wenn ich nicht bis spätestens morgen mittag weiß, wer der Lachsack ist, dann will ich fortan Balduinfried Salzstengel heißen!«
In dieser Sekunde klingelte es erneut.
Semmel nahm den Hörer ab, und Balduin drückte auf die Tonbandtaste.
»Hahahahahaha ... Hohohohoho ... Hauhauhauhau ... hihihihi ... Hehehehehehehehehahahahahahihihihihihöhöhöhöhöhuhuhuhuhu ...«

Zuerst stand Balduin Pfiff Ottofried Semmel gegenüber. Dabei rutschte ihm ein fassungsloses »Ei der Daus« über die Lippen, denn Ottofried sah Eilenfried so ähnlich, daß der Detektiv glaubte, Eilenfried sei Ottofried und Ottofried nicht Ottofried. Nachdem er sich vorgestellt hatte, kam er zum Grund seines Besuches.
»Ihr Bruder wird jede Nacht von einem Lachsack belästigt!« Sein kleiner dicker Zeigefinger bohrte sich in Ottofrieds flache Brust. »Er hat Sie in Verdacht, der Lachsack-Attentäter zu sein!«

»Raus!!« raunzte Ottofried, der Drilling, in höchstem Diskant, und aus seinen Augen schossen giftige Blitze. »Mit Eilenfried verkehre ich schon seit Jahren nicht mehr!«
Den Knall der Tür, die hinter ihm ins Schloß katapultiert wurde, hatte Balduin Pfiff noch sieben Straßen weiter im Ohr.

In der Sesselmannallee 49 kniff der kleine Detektiv einmal rasch die Augen zu. Konnte es sein, daß ihn dieser wütende und laute Ottofried überholt hatte und jetzt als Abelfried vor ihm stand? Oder war Abelfried in Wirklichkeit Eilenfried und er, Balduin Pfiff, das Opfer eines verrückten Scherzes?
Oder träumte er gar?
Aber da sprach die Traumgestalt vor ihm: »Bitte, Sie wünschen?«
Balduin betrachtete den dritten Drilling, dessen Stimme nur ein wenig trauriger und ein bißchen leiser klang als die von Ottofried.
»Sind Sie Herr Semmel?«
»Derselbe!« Semmel Nr. 3 lächelte nachsichtig.
»Herr Abelfried Semmel?« Balduin wollte ganz sichergehen.
»Ja, der bin ich. Was erstaunt Sie daran so?«
»Daß Sie Ihren Brüdern so ähnlich sehen!« gab Balduin Pfiff zu.
»Das soll bei Zwillingen, Drillingen, Vierlingen und so weiter so üblich sein.« Abelfried lächelte noch immer. »War das alles?«
»Nö, ich bin hier, weil Ihr Bruder Sie für einen Lachsack hält, das heißt für denjenigen, der mit dem Lachsack spielt!«
An die Stelle von Abelfrieds Lächeln war ein trotziger Ausdruck getreten.
»Ich weiß nicht, wer Sie sind und was diese alberne Rede zu bedeuten hat, aber lassen Sie sich eines von mir sagen: Ich habe den Umgang mit meinen Brüdern vor fünf Jahren eingestellt!!«

Auch seine Tür fiel mit überdurchschnittlichem Getön ins Schloß.

Eilenfried sah Balduin Pfiff erwartungsvoll an. Und der wiederum dachte in diesem Moment an den lieben Gott, der wohl doch ein Mann mit Humor sein mußte. Denn sicher nur aus einer besonders guten Laune heraus hatte er drei verschiedene Männer mit drei gleichen (oder fast gleichen!) Gesichtern ausgestattet.

»Haben Sie was erreicht, Herr Pfiff?« forschte Eilenfried behutsam.

Der Detektiv ließ sich in den Sessel plumpsen und nickte. »Balduin Pfiff erreicht immer etwas!« erklärte er selbstbewußt.

»Wer ist es?« Groll beherrschte Herrn Semmels Stimme, und einmal mehr lag seine Hand an der Gurkennase.

»Wem trauen Sie es eher zu: dem Abelfried oder dem Ottofried?« fragte Balduin mit einem schelmischen Augenzwinkern.

Eilenfried Semmel schrumpfte ein wenig zusammen. »Soll ich ehrlich sein?«

»Heiliges Kanonenröhrchen, darum möchte ich doch bitten!« meine Balduin lebhaft.

»Also dann — ich würde es beiden zutrauen. Dem lauten Ottofried ebenso wie dem leisen Abelfried!«

»Aha . . .«, sagte Balduin Pfiff.

»Na?« fragte Eilenfried.

»Es war der laute!« sagte Balduin Pfiff.

»Es war der Ottofried?!«

»Es war der Ottofried!« gab Balduin zu. »Er hat sich selbst verplappert.«

»Und wobei?«

»Als ich ihm die Schandtat auf den Kopf zusagte, erwiderte er: ›Mit Eilenfried verkehre ich schon seit Jahren nicht mehr!‹ Und damit saß er in der Falle, hehehe!«

»Wieso?« wollte Eilenfried wissen, und aus seinem Blick sprach blanke Verständnislosigkeit.

»Haben Sie vergessen, daß Sie ein Drilling sind?«
Langsam ging in Eilenfrieds Augen ein Licht auf . . . »Sie meinen . . .«
»Jawohl, ich meine! Warum hat er nicht gesagt: Mit Abelfried verkehre ich schon seit Jahren nicht mehr? Er wußte sofort, welcher Drilling gemeint war . . . Na ja, und das konnte ja nur der wissen, der die Lachsackspielchen inszenierte . . .«
»Ich bewundere Sie!« erwiderte Eilenfried Semmel und stand dabei auf.
Auch der kleine rundliche Detektiv erhob sich. Und er sagte: »Tun Sie das! Aber tun Sie das bitte auch dann noch, wenn Sie meine Rechnung bezahlt haben . . .«
Und Balduin Pfiff lachte noch, als er durch den sonnendurchfluteten Rest des Tages mit Links-zwo-drei-vier nach Hause marschierte . . .

Die Schwarzfahrerin

Eine Spielszene für zwei Personen
in einem Bühnenbild

Personen:
Inspektor Schuh, Frau Macholke
Mein besonderer Dank,
an dieser Stelle zum Ausdruck gebracht, gilt dem
ALLGEMEINEN INSTITUT FÜR
SCHIMPFWÖRTERFORSCHUNG
Bühnenbild:
Ein Tisch, dahinter der Inspektor auf einem Stuhl
blättert in Papieren. Vor dem Tisch ein Stuhl.
Ein Schirmständer, ein Papierkorb, ein Kleiderständer.

(Es klopft)

Inspektor: *(ruft laut)* Herein!!

(Frau kommt wütend hereingestampft / baut sich vor Inspektor auf / stützt Arme angriffslustig in die Seite)

Frau: *(burschikos/laut)* Mein lieber Scholli, Sie haben vielleicht eine lange Leitung. Jetzt warte ich bereits seit zwei Stunden.

Inspektor: *(ruhig/freundlich)* Erstens bin ich nicht Ihr lieber Scholli, und zweitens warten Sie erst seit genau zwanzig Minuten.

Frau: Das ist auch schon genug. *(stöhnt aggressiv)* Die Polizei denkt wohl auch, jeder müßte so viel Zeit haben wie sie selbst, was, Herr Kommissar?

Inspektor: Ich bin Inspektor Schuh. Es steht draußen an der Tür.

Frau: Ich lese doch nicht jeden Mist.

Inspektor: *(räuspert sich)* Am besten, Sie stellen Ihren Schirm dort ab und nehmen erst einmal Platz, Frau Macholke!

(Frau wirft ihren Schirm aus zwei Meter Entfernung in den Schirmständer, wendet sich wieder dem Beamten zu)

Frau: Ich steh lieber!

Inspektor: Wenn Sie durchaus Krampfadern bekommen wollen — bitte, es sind Ihre Beine.

Frau: Soll das eine Drohung sein?

Inspektor: Was?

Frau: Das mit den Krampfadern!

Inspektor: Aber nein, lediglich eine unverbindliche Feststellung.

Frau: Wenn die Polizei feststellt, bedroht sie. Das ist so alt wie Adam und das Lieschen!

Inspektor: Sie könnten ruhig ein bißchen freundlicher sein, Frau Macholke!

Frau: *(holt hastig Luft)* Was? Genau den Satz wollte ich Ihnen gerade anbieten! Seien Sie gefälligst ein bißchen freundlicher zu mir, schließlich bezahle ich mit meinem Steuergeld Ihr Gehalt!

Inspektor: Wie ich aus den Akten ersehe, liebe Frau, erhalten Sie seit drei Jahren Witwenrente.

Frau: Was hat das damit zu tun?

Inspektor: Als Rentner bezahlen Sie keine Steuern, also auch nicht mein Gehalt!

Frau: *(mit erhobenem Zeigefinger)* Aber — es hätte ja sein können.

Inspektor: Kommen wir zur Sache. Ein gewisser Herr Martin Büttner, Straßenbahnschaffner im Dienste der Stadt, hat Strafanzeige gegen Sie wegen Beleidigung und Körperverletzung erstattet.

Frau: *(läßt sich auf den Stuhl fallen)* Was hat dieses nasse Krümelchen getan? Strafanzeige erstattet? Gegen mich?

Inspektor: So ist es!

Frau: *(außer Atem)* Also ... also, das ist ja die Höhe. Wieso Be-lei-di-gung???

Inspektor: Sie haben ihn ... *(blättert in Papieren/liest)* ... hinkende Ameise, Moosbuckel, blinden Mistkäfer, verwelkten Kürbiskern und so weiter genannt.

Frau: *(springt auf)* Er hat Schleiereule zu mir gesagt!

Inspektor: Sie irren, Frau Macholke, auch dieser Ausdruck stammt aus Ihrer Schimpfwortschatulle. Mit der ›Schleiereule‹ zusammen haben Sie ihm die Dienstmütze über die Augen gezogen.

Frau: Iiiiiiich???

Inspektor: Da Ihr Gedächtnis anscheinend nicht mehr das allerbeste ist, will ich Ihnen gern vorlesen, was Herr Büttner zu Protokoll gegeben hat.

Frau: *(setzt sich wieder)* Da bin ich aber gespannt. Na los, lesen Sie die ›Gesammelten Werke‹ dieses verschimmelten Mehlwurms schon vor.

Inspektor: *(streng)* Noch ein Schimpfwort, Frau Macholke, und ich veranlasse, daß Sie mit einer Ordnungsstrafe belegt werden ... *(räuspert sich)* Also ... das Protokoll: Ich fuhr an diesem Donnerstagvormittag auf der Linie 27. Die Frau stieg am Kreuzplatz zu, drängelte sich rücksichtslos in das Wageninnere und pöbelte dort einen älteren Fahrgast so lange an, bis dieser ihr seinen Platz überließ.

Frau: Haha, älteren Fahrgast! Ein Rotzjunge mit Haaren bis auf den Hintern.

Inspektor: Hier steht, daß es sich um einen sechzig- bis fünfundsechzigjährigen Mann gehandelt hat.

Frau: So??? Na ja, meine Augen sind nicht mehr die allerbesten.

Inspektor: Ich lese weiter: Als ich die Frau nach Ihrem Fahrtausweis fragte, reagierte sie überhaupt nicht, sondern sah weiter zum Fenster hinaus. Ich fragte noch dreimal und tippte sie dabei leicht auf die Schulter ...

Frau: Daß ich nicht lache . . .

Inspektor: *(mit erhobener Stimme)* . . . ganz leicht nur. Da sprang sie auf und behauptete, fürchterlich brüllend, sie hätte mir ihren Fahrschein schon gezeigt und denke nicht daran, ihn noch einmal hervorzukramen. Ich forderte sie erneut auf, mir den Fahrschein zu zeigen, andernfalls sie aussteigen müsse. Da schleuderte sie mir mindestens ein Dutzend Schimpfwörter ins Gesicht, von denen ›Schleiereule‹ noch das harmloseste war. Und dabei zog sie mir mit roher Gewalt die Mütze so ins Gesicht, daß dabei das Schweißband der Mütze riß. Als ich sie nun aufforderte, sofort den Wagen zu verlassen, schlug sie mir ihren Regenschirm auf den Kopf. Es handelte sich dabei um einen sehr massiven Schirm, der mir auf der Stirn und auf beiden Wangen Platzwunden verursachte. Zusammen mit anderen Fahrgästen drängten wir sie an der Haltestelle Hauptstraße aus dem Wagen und übergaben sie einem Polizeibeamten, den sie sofort in den rechten Arm biß!

Tja, Frau Macholke, das wär's.

Frau: *(höhnisch)* Sie glauben doch die Geschichte nicht, oder haben Sie's noch mit den Märchen, he?

Inspektor: Es dürfte wohl keinen Zweifel daran geben, daß Sie eine äußerst rabiate Dame sind.

Frau: Iiiich? Ich bin eine Seele von Mensch, mein lieber Scholli . . .

Und jetzt werde i c h Ihnen mal erzählen, wie es gewesen ist.

Inspektor: Bitte!

Frau: Ich bin also am Kreuzplatz zugestiegen und ganz friedlich ins Wageninnere gegangen. Ich habe freundlich nach links und rechts gegrüßt und plötzlich . . . Raten Sie mal, was plötzlich war!

sser sehen
mit einer
Brille
Gegen Kopfweh
nimm Rapid B
Mützen, Hüte
bei R. Schützler

Inspektor: Ich bekomme mein Gehalt nicht fürs Rätselraten, Frau Macholke.

Frau: Plötzlich stand dieses jämmerliche Würstchengerüst von Schaffner vor mir. *(tut ängstlich)* Haben Sie dem sein Gesicht mal aus der Nähe gesehen? Ich sage Ihnen, grausen tut's einen, zusammenfahren tut man, ganz einfach: Man kriegt einen ausgewachsenen Schreck! Also, verlangt doch das Krautraupengesicht, ich solle nicht drängeln. Ich! Ich, der ich kaum jemanden berührt habe . . . Ich bin fast nur durchgesickert. Ich habe die Knollennase natürlich nicht weiter beachtet. Na, ja, und dann saß dort ein Mann und starrte mich an. Wissen Sie, so einer mit sprechenden Augen. Und ich schwöre es, der hat nur Unfeines gesagt. Ich zwickte ihn trotzdem freundschaftlich ins Ohr, zweimal, dreimal . . . dann hat er mir seinen Platz angeboten. Und kaum saß ich, da kam dieses Kellernashorn und schnauzte mich an. Meinen Fahrtausweis wolle er sehen. Natürlich habe ich bei diesem Ton nicht reagiert.

Inspektor: Natürlich!

Frau: Ich bin eine feinfühlige, empfindsame Natur, Herr Inspektor. Wenn mich jemand so anschnauzt, bin ich schwerhörig wie ein Reiterdenkmal. Und da hat mir dieser preisgekrönte Regenwurm doch die Faust auf die Schulter geknallt, fein was? Ein Kavalier das, was? Aber nicht mit mir! Ich bin hoch wie eine Rakete von Cap Canaveral und habe ihm die Sonnenblende über die Augen gezogen. Stellen Sie sich vor, da war der doch tatsächlich auch noch gekränkt.

Inspektor: Nicht möglich.

Frau: Echt, das war er. Aber es kommt noch schlimmer. Als ich ihm höflich plausibel machte, daß er sich auf der Stelle bei mir zu entschuldigen

	habe, da wollte er mich aus der Straßenbahn werfen. Ich m u ß t e mich ganz einfach zur Wehr setzen!
Inspektor:	Mit dem Regenschirm!
Frau:	Womit sonst? Wer ersetzt mir jetzt den Schirm? Er ist völlig demoliert!
Inspektor:	Der Schaffner auch!
Frau:	*(entrüstet)* Sollte ich mich denn aus der Straßenbahn werfen lassen?
Inspektor:	Hätten Sie sich einen Fahrschein gekauft, wären Sie allem Ärger aus dem Weg gegangen.
Frau:	*(springt auf)* Ach ... Sie glauben mir also nicht?
Inspektor:	Kein Wort, Frau Macholke. Daß Sie in allen Punkten schuldig sind, dafür gibt es noch genau dreizehn Zeugen.
Frau:	*(wütend)* Sie ... Sie ... Sie Gartenzwerg, Sie Rinnenhüpfer, Sie Schneckenschreck ... ich sage keinen Ton mehr.
Inspektor:	*(lächelnd)* Das hätten Sie schon früher tun sollen, Frau Macholke. Schimpfen Sie ruhig weiter, wenn es Sie erleichtert. Es ist derselbe Preis ...
	Der Wachtmeister bringt Sie zur Tür.
Frau:	*(schnauzt)* Mich braucht niemand zur Tür bringen. Schon gar nicht so ein Kanarienvogelgesicht, wie der da ...
	(steht auf / Tür fällt krachend hinter ihr ins Schloß)

Die Zwerg-Zirbel-Zypresse

Nikolaus Rummel, 29 Jahre alt, war eine Mischung aus Spinner, Idealist, Hochstapler, Träumer, Tüftler und Geschäftsmann. Manche bezeichneten ihn auch als eine Art Eulenspiegel. Jegliche Arbeit empfand er als notwendiges Übel, dem man, so gut es ging, aus dem Weg gehen mußte. Nur — immer konnte er sich dem Geldverdienenmüssen nicht entziehen.
Da er jedoch bei der Arbeit oft träumte und seine verständnislosen Chefs diesen Hang zu schönen Visionen für Faulheit hielten, mußte er oft die Stellung wechseln. Eine Tatsache, die Nikolaus jedoch stets mit Gelassenheit, ja fast mit entspannter Fröhlichkeit hinnahm. Oft erholte er sich nach Beendigung einer Tätigkeit erst einmal gründlich in seiner ererbten Zweizimmer-Eigentumswohnung, noch öfter allerdings in der strahlenden Sonne irgendeines Reiseziels.
Erst wenn die letzte Mark verbraucht war, wurde Niki (wie er von seinen Freunden und einigen Neidern genannt wurde) wieder aktiv. Er begann zu tüfteln. Meist war das Ergebnis fantasievoller Tüftelarbeit eine umwerfende Idee, mit deren Hilfe sich ein »grandioses Geschäft« verwirklichen ließ.
Blenden wir uns ein in den Lebenskreislauf des Nikolaus Ferdinand Rummel, Sohn eines braven Schornsteinfegermeisters und einer liebevollen Mutter namens Erdlinde . . .

Die Zeiger der Uhr auf dem Schreibtisch von Dr. Donner, dem Personalchef der Klein-Beutel AG stehen auf 11 Uhr 45.
Dr. Donner, ein mittelgroßer, praller Mann mit einer preiswürdigen Glatze, wieselflinken Augen und hektischem Getue, sieht auf.

Es hat geklopft.
Er knüllt sich Personalcheffalten ins dicke Gesicht und ruft: »Herein!« Die Falten vertiefen sich, als er seines Besuchers ansichtig wird. Doch der strahlt ihn ungehemmt an, eine theatralische Armbewegung, und ruft: »Einen wunderschönen guten Morgen, mein lieber Herr Doktor Donner!«
Viktor Donner zwingt sich zur Beherrschung. »Nur nicht provozieren lassen«, denkt er, während er auf den Stuhl vor seinem Schreibtisch deutet. Leise und bedeutsam stellt er fest: »Erstens bin ich nicht ›Ihr Lieber‹ und zweitens gehen unsere Auffassungen über den Begriff ›Morgen‹ sehr auseinander, Herr Rummel!«
»Oh, der Herr Doktor haben schlecht geschlafen und sind nun schlecht gelaunt?«
Dr. Donner räuspert sich. »Und wenn, wäre es kein Wunder!! Ich beobachte Sie seit Wochen, Herr Rummel!«
Nikolaus Rummel verbeugt sich höflich im Sitzen.
»Wie liebenswürdig von Ihnen. Womit habe ich Ihre geschätzte Aufmerksamkeit verdient?«
Dr. Donner schiebt sich einen Finger zwischen Hals und blütenweißen Kragen. Das unentwegte Grinsen seines Gegenübers läßt sein Blut langsam, aber unaufhaltsam in Wallung geraten. »Während Ihre Kollegen hundert Rechnungen schreiben, begnügen Sie sich mit höchstens fünf!«
Nikolaus zieht erstaunt die rechte Augenbraue nach oben. »Wie ist das möglich??«
»Bei unserer großen Versandaktion im letzten Monat bearbeiteten Ihre Kollegen viertausend Adressen pro Woche, Sie dagegen . . . na, was glauben Sie, wie viele haben Sie geschafft?«
Nikolaus Rummel schüttelt den Kopf und antwortet liebenswürdig: »Ich habe sie nicht gezählt!«
Dr. Donners Worte triefen vor Hohn: »Dabei wäre das so einfach gewesen. Ganze einhundert Adressen waren es, hahaha. Viertausend zu einhundert. Das ist ein Unterschied, was?«
»Wahrhaft erstaunlich!« In Rummels Augen blitzt der Schalk. Oder empfindet es nur der Personalchef so? Seine

Stimme jedenfalls klingt um einige Phon lauter und eine halbe Oktave höher, als er sich hörbar erkundigt: »Sie wollen mich wohl auf den Arm nehmen? Aber das wird Ihnen nicht gelingen. Nie, Herr . . . Herr Rummel! Wir werden uns nämlich trennen. Die Klein-Beutel AG kann es sich nicht leisten, Gehälter an Faulenzer zu zahlen.«

»Sie gehen zu weit, lieber Doktor!« erwidert Nikolaus, zwar mit einem strahlenden Lächeln, aber doch leicht rügend.

»Ach, wie soll ich denn sonst einen Mann nennen, der fast den ganzen Tag am Schreibtisch sitzt und Löcher in die Luft starrt?«

»*Ich* würde ihn einen Denker nennen. Vielleicht auch einen Nachdenker!«

»Unser Personaletat sieht weder Gehälter für Denker noch für Nachdenker vor!« giftet Dr. Donner.

»Das ist ein Fehler!« korrigiert Nikolaus. »Ich leiste selbst dann noch mehr für die Klein-Beutel AG, wenn ich in der Nase bohre, als jene mit den hundert Rechnungen und viertausend Adressen.«

Dr. Donner schluckt schwer. Die Farbe seines prallen Gesichtes hat sich von Hellrot auf Weiß mit roten Flecken gewandelt. »Entweder Sie sind krank oder größenwahnsinnig«, keucht er.

»Sie verkennen die Situation, lieber Doktor. Ich denke nur pausenlos darüber nach, wo und wie man einsparen könnte.«

»Nun, nachdem Sie fast vier Monate mit dieser Tätigkeit zugebracht haben, können Sie mir ja das Ergebnis Ihrer Denkarbeit mitteilen — oder??«

»Es könnte Sie kränken und aufregen . . .«

Dr. Donner reißt die Augen auf. »O nein, mich kann nichts mehr aufregen.«

»Meinetwegen. Ich bin also zu dem Schluß gekommen, daß die Klein-Beutel AG auf einen Personalchef verzichten könnte und daß . . .«

Dr. Donner ist hochgeschossen. »Genug!! Gehen Sie zur Kasse, Ihr Restgehalt und Ihre Papiere liegen bereit . . .«

Nikolaus Rummel erhebt sich ebenfalls. Höflich verbeugt er sich. »Sehen Sie, schon deshalb wird aus der Klein-Beutel AG nie eine Groß-Beutel AG werden. Was hier fehlt, ist ein Personalchef mit Fantasie.«

Viele Wochen waren inzwischen seit diesem Ereignis vergangen. Sebastian Schneider war fleißig, gewissenhaft, verläßlich, ehrgeizig und ein Realist. Sein Verhältnis zur Arbeit konnte man als ungetrübt bezeichnen.

Er stellte also genau das Gegenteil von Nikolaus Rummel dar. Und vielleicht lag in dieser Gegensätzlichkeit das Geheimnis ihrer tiefen und aufrichtigen Freundschaft, die während der gemeinsamen Schulzeit begonnen hatte und nie eingeschlummert war. Trotz der unterschiedlichen Auffassung zu Beruf und Arbeit.

Jetzt stand Sebastian neben seinem Schreibtisch und starrte freudig überrascht auf Nikolaus Rummel, der sich (typisch!!) ohne anzuklopfen ins Zimmer geschoben hatte.

»Niki ... mein Gott, ich befürchtete schon, du wärst Kidnappern in die Hände gefallen. Wo hast du nur gesteckt?«

Noch bevor Nikolaus antwortete, schüttelten sie sich die Hände und klopften einander voller Zuneigung und Freude auf die Schultern. Dann jedoch wunderte sich Rummel:

»War diese Frage eben eine schauspielerische Einlage? Ich habe dir doch aus Luzern einen sechs Seiten langen Brief geschrieben.«

Sie setzten sich.

Sebastian streckte seine rechte Hand in die Höhe.

»Ich schwöre dir, ich habe keinen Brief bekommen. Was hast du in Luzern gemacht?«

»Das übliche: Ferien. Es war wunderschön. Wäre mir das Geld nicht ausgegangen, läge ich noch jetzt an den Gestaden des Vierwaldstätter Sees.«

Sebastian schüttelte den Kopf. »Du wirst dich wohl nie ändern ... Vor vier Wochen habe ich bei der Klein-Beutel AG angerufen und dabei erfahren, daß es dich dort nicht mehr gibt.«

Niki nickte und sagte leichthin: »Eine völlig begreifliche Entlassung. Es stand alles ausführlich in meinem Brief. Reden wir also nicht mehr darüber, es lohnt nicht.«
»Und jetzt?«
»Jetzt bin ich erst einmal pleite ...« Nikolaus Rummel streckte sich und seufzte dann wohlig: »Ich sage dir, Sebastian, nichts ist fruchtbarer als Pleitesein. Ideen kriegt man da ... Ideen ...«
Sebastian Schneider streckte beschwörend seine Arme aus: »Ich will den Dingen gleich vorbeugen, Niki. Wenn du glaubst, ich würde dir wieder bei irgendeinem kauzigen Unternehmen helfen, dann irrst du dich. Außerdem ...« Sebastian suchte nach den entsprechenden Worten.
»Was ist außerdem?«
»Außerdem bewegen sich deine Einfälle immer hart an der Grenze der Legalität. Und ich habe, im Gegensatz zur dir, keine Lust, meine Stelle zu verlieren. Klar?«
Nikolaus Rummel schüttelte sich. »Wie kann man nur neun Jahre hintereinander für den gleichen Herrn arbeiten ...«
»Vorige Woche waren es zehn Jahre!« verbesserte Sebastian.
»Eine Ewigkeit!«
»Dafür bin ich auch Abteilungsleiter. Und was für dich eine Neuigkeit sein wird — ich werde im Herbst heiraten.«
Nikolaus war wirklich überrascht, ja direkt sprachlos, denn ihm fiel ein, was Sebastian immer wieder behauptet hatte: Wenn ich einmal heirate, dann mit vierzig!
»Wen denn?«
»Polly Peters!«
Nikolaus lehnte sich in seinem Stuhl zurück, schloß die Augen und legte den ausgestreckten Zeigefinger neben die Nase.
So konnte er, wie er vorgab, am besten nachdenken.
»Polly Peters ... Polly Peters ...«, murmelte er leise. Dann zeigte der ausgestreckte Zeigefinger, der eben noch neben der Nase lag, auf Sebastian.
»Es hat geklingelt. Ist das nicht die Kleine aus dem Osterkonzert? Der Zwerg mit den Sommersprossen?«

Sebastian tat gekränkt: »Du übertreibst wieder einmal schändlich. Immerhin ist sie 1,58 Meter groß.«
»Mir geht da so einiges durch den Kopf, Sebastian.« Nikolaus grinste anzüglich. »Zum Beispiel, daß du 1,90 groß bist. Das macht 32 Zentimeter Luftlinie von Mund zu Mund. Wenn sie dich küssen will, braucht sie entweder ein Trampolin oder eine Leiter.«
»Du bist ein Ekel!« Sebastian lachte.
»Du hast recht, lassen wir also die Unwichtigkeiten und kommen wir zu den wirklich amüsanten Dingen . . .«
»Verschone mich mit deinen Einfällen!« wehrte Sebastian ab.
»Anhören schadet doch nicht«, warf Nikolaus unschuldig ein. »Wenn wir den Streich hinter uns haben, kannst du meinetwegen heiraten.«
»Nein!!«
»Sei nicht kindisch, Abteilungsleiter!«
»Mir schwant Schreckliches. Wenn du diesen Zug um den Mund hast, bist du immer besonders hinterlistig.«
Nikolaus Rummel sah seinen Freund mit einem verklärten Blick an. Und er nickte. »Hast recht. Und nun sag, wo wohnen in unserer hübschen und sehr großen Stadt die Reichen und die Gierigen?«
»In Kaiserforst, sagt man.«
»Man sagt sicher Richtiges. Und wo gibt es in unserer hübschen und sehr großen Stadt die schönsten, protzigsten und gepflegtesten Vorgärten? Ich antworte selbst: ebenfalls dort! Also werden wir unsere kleine Komödie auch in dieser Kulisse spielen.«
»Ohne mich!«
»Erstens bist du mein ältester, einziger und bester Freund, und zweitens wirst du es dir wohl noch zutrauen, einen durchreisenden Gartenfachmann zu spielen, dessen Leidenschaft asiatische Zwerg-Zirbel-Zypressen sind!?!«
»Asiatische was?«
»Zwerg-Zirbel-Zypressen.«
»Gibt's die wirklich?« wollte Sebastian verwirrt wissen.
Nikolaus Rummel hielt den Kopf schräg und sah seinen

Freund vielsagend an. »Glaubst du an Wunder?« fragte er.
»Was soll diese alberne Frage, Niki?«
»Sag ja!«
»Warum sollte ich ja sagen?«
»Wenn du ja sagst, glaubst du an Wunder, und wenn du an Wunder glaubst, gibt's vielleicht auch asiatische Zwerg-Zirbel-Zypressen!« Nikolaus Rummel lächelte, während Sebastian eine resignierende Handbewegung machte.
»Also fängt das ganze Geschäft schon wieder mit einem Schwindel an . . .«
»Setz ein freundliches Gesicht auf und hör mir zu, Sebastian. Es gibt strafbaren Schwindel und solchen, der zwar nicht fein, dafür aber auch nicht strafbar ist. Mein Superplänchen sieht folgendermaßen aus . . .«
Und dann schilderte Nikolaus Rummel wort- und gestenreich seinem gequält und zugleich fasziniert zuhörenden Freund Sebastian Schneider den Plan seines hinterlistigen Vorhabens, den er mit der Überschrift versah: »Eigennutz geht vor schnöder Gewinnsucht.«

Frau Kaufmann, die in diesem Augenblick aus dem Haus trat, glaubte ihren Augen nicht zu trauen. Ja, sie erstarrte geradewegs vor Entrüstung. Hatte sich da nicht ein Fremder einfach über den niedrigen Zaun zur Straße geschwungen und stand nun mitten in ihrem Garten?!
Resolut überquerte sie den kurzgeschnittenen englischen Rasen. »He, Sie, was erlauben Sie sich? Was tun Sie in unserem Garten?« schimpfte sie empört und stemmte die Arme in die Seiten.
Der Fremde schlug die Hacken seiner Lackschuhe zusammen und verbeugte sich wie ein französischer Diplomat. Dann breitete er die Arme aus und rief theatralisch: »Verzeihen Sie einem alten Gartennarren, daß die Begeisterung mit ihm durchgegangen ist. Ich *mußte* mir diese Zypresse aus der Nähe betrachten.«
»Aber so einfach über den Zaun zu steigen . . .« Frau Kaufmanns Stimme klang schon ein wenig versöhnlicher.

»Ich weiß, ich weiß, gnädige Frau, aber Sie können ganz beruhigt sein. Ich bin weder ein Straßenräuber noch ein Baumdieb. Bitte erlauben Sie mir, daß ich mich vorstelle. Nikolaus Rummel!« Erneut folgte eine vollendete Verbeugung. »Hier meine Karte, gnädige Frau!«
Nun schien Frau Kaufmann endgültig beschwichtigt. Nein, wie ein Straßenräuber sah dieser Herr Rummel wirklich nicht aus! Eher wie ein braungebrannter eleganter Weltenbummler, der geradewegs aus der Sonne kam. Und mit welch seltsamen Blicken er die Zypresse begutachtete . . .
»Danke«, sagte Frau Kaufmann und ließ die Vsitenkarte in der Tasche ihrer maßgeschneiderten Kittelschürze verschwinden. »Was interessiert Sie denn so brennend an der Zypresse?«
»Alles!!« Es klang schnell, scharf und laut wie ein Schuß.
»Oh . . .«
»Ja, ich bin ein Zypressennarr. Erlauben Sie mir, daß ich einmal drumherum gehe, gnädige Frau? Verzeihung, ich habe in der Aufregung ganz vergessen, auf das Namensschild zu achten.«
»Kaufmann!« Frau Kaufmann ging bereitwillig auf die unausgesprochene Frage nach ihrem Namen ein. »Mein Mann ist Regierungsdirektor im Ministerium für Umweltschutz.«
Erneute Verbeugung. »Fühle mich sehr geehrt!« Nikolaus Rummel strahlte die Ehefrau des Regierungsdirektors aus dem Umweltministerium an. Er umrundete die Zypresse, schüttelte ein ums andere Mal den Kopf und stieß dabei abgrundtiefe Seufzer hervor, und nach einem umfassenden Blick über den restlichen Garten lobte er: »Also wirklich, gnädige Frau, ein märchenhafter Garten.«
»Habe ich persönlich angelegt«, gab Frau Kaufmann geschmeichelt zu und fühlte dabei ein wenig Röte in ihren Wangen aufsteigen.
»Sie sind eine Künstlerin!« Nikolaus Rummel übertrieb, und wieder blieben seine Blicke an der Zypresse hängen. Lange!! Endlich wandte er sich erneut Frau Kaufmann zu. Sich verlegen die Hände reibend, ließ er die Worte klümpchenweise fallen: »Gnädige Frau, das ist . . . also ehrlich ge-

sagt ... also ehrlich gesagt, ich geniere mich! Ehrlich, Frau Kaufmann! Ich geniere mich ... und trotzdem ...!«
Frau Kaufmann sah ihren ungebetenen Gartenbesucher ratlos an. »Was meinen Sie mit trotzdem?«
»Ich ... gnädige Frau, ich möchte Ihnen ein Geschäft vorschlagen!« Rummel holte tief Luft und seufzte erleichtert auf. »Ja, ein Geschäft, jetzt ist es raus. Hoffentlich halten Sie mich nicht für unverschämt ...«
Wofür die Regierungsdirektorsgattin ihn halten sollte, wußte sie im Augenblick wohl selbst nicht. Voller Verwirrung musterte sie ihn zunächst einmal. »Ich verstehe nicht, was Sie mit Geschäft meinen.«
Nikolaus Rummel richtete sich steif auf, wippte zwei-, dreimal auf den Zehenspitzen und sah Frau Kaufmann mit durchdringendem Blick an. »Ich möchte Ihnen die Zypresse abkaufen!«
Einen Augenblick lang blieb Frau Kaufmanns Mund offenstehen, und der Gedanke, sie könnte es mit einem Verrückten zu tun haben, durchzuckte sie blitzartig. Doch als sie merkte, mit welcher Verzückung der Fremde bereits wieder die Zypresse betrachtete, an der sie selbst überhaupt nichts Ungewöhnliches finden konnte, verwarf sie diesen Gedanken.
»Aber nein«, sagte sie leise, »das ist doch nicht Ihr Ernst ...«
»Meine Zypressenleidenschaft bringt mich immer wieder in solche Situationen. Bitte, üben Sie Nachsicht, gnädige Frau! Ich biete Ihnen 500 Mark!«
»Fünf ... fünfhundert Mark?« wiederholte Frau Kaufmann und sah Nikolaus Rummel an, als habe er »eine Million« gesagt. Dabei erinnerte sie sich noch genau an den Preis, den sie im vergangenen Jahr für das Bäumchen bezahlt hatte: 45 Mark.
»Na gut«, Nikolaus seufzte und spielte überzeugend den Leidgeprüften. »Ich bin selbst schuld, wenn ich alles haben muß. Ich erhöhe auf 600!«
»Du lieber Himmel!« Frau Kaufmann fiel aus allen Wolken. »Aber wo denken Sie denn hin!??«

Der Zypressenliebhaber tat, als habe er soeben einen breiten Schatten übersprungen. »Mein letztes Wort und Angebot«, rief er, »800!«
Der Frau verschlug es den Atem. Sie hatte plötzlich einen trockenen Mund. »800 Mark für dieses kleine Bäumchen?«
»Bar auf die Hand!« Nikolaus nickte und zog eine Grimasse, als hinge sein weiteres Wohlergehen von dem Erwerb ab. »Allerdings könnte ich die Zypresse erst in etwa 14 Tagen abholen. Eher ist mein Gärtner nicht da. Und mit solchen Kostbarkeiten muß man sorgfältig umgehen.«
Frau Kaufmann starrte auf Nikolaus Rummels elegantes Einstecktuch, ohne es zu sehen, während die Gedanken in ihrem Kopf kunterbunt durcheinanderkugelten. War es recht, daß man einem Fremden etwas für 800 Mark verkaufte, wofür man selbst nur 45 bezahlt hatte? Nein, recht war das auf keinen Fall! Auf der anderen Seite fiel ihr ein, was Egon Kaufmann, der Regierungsdirektor, immer wieder von ihrem kaufmännischen Geschick behauptete: Sie sei geschäftstüchtig wie eine an Gelbsucht leidende Hausmaus! Ja, und das gab schließlich den Ausschlag! Sie würde es ihm beweisen — das Gegenteil. Mit angehaltenem Atem rieb sie ihre gepflegte rechte Hand an der maßgeschneiderten Kittelschürze und streckte sie dann Nikolaus Rummel entgegen. »Also gut, machen wir das Geschäft!« rief sie eine Spur zu laut mit bebender Stimme. Und leiser: »Ich werde meinem Mann vorerst nichts verraten.«
»Fein«, Nikolaus strahlte, »dann gebe ich Ihnen jetzt 800 Mark, und Sie bestätigen mir, daß ich bezahlt habe und die Zypresse ab sofort mir gehört.«
»Einverstanden. Darf ich Sie ins Haus bitten, Herr Rummel ...«
»Aber gern! Ich mache ohnehin ungern Geschäfte unter freiem Himmel!« sagte er und warf dabei einen raschen dankbaren Blick nach oben ...

Egon Kaufmann stand inmitten seines Gartens und paffte unlustig an einer Zigarre. Viel lieber täte er das in seinem

gediegen und teuer eingerichteten Wohnzimmer, aber seine Frau bestand darauf, daß er, wenn er schon die Umwelt verschmutzte, die äußere dazu nähme.
Auch wenn er sich für den nachgebenden Klügeren hielt (haha!!), so mußte er sich jedoch eingestehen, daß es ihm hier draußen nur den halben Spaß machte. Und weil ihm der wahre Genuß verleidet war, reagierte er auch sofort, als das »Hallo!« in seinen Ohren klang.
Er drehte sich um und musterte den großgewachsenen jungen Mann im hellbraunen Glencheckanzug.
Obwohl ihm dieser freundlich zuwinkte, fragte er überflüssigerweise: »Meinen Sie mich?«
Der Große zeigte zur Gartentür: »Dort steht Kaufmann. Sind Sie Herr Kaufmann?«
»Der bin ich!« Der Regierungsdirektor nickte. »Was gibt's denn?«
»Würden Sie mir erlauben, Ihren Garten zu betreten?«
»Könnte auch ein Beamter sein«, überlegte Herr Kaufmann und fühlte Wohlwollen. Oder ein Vertreter vielleicht? Das Wohlwollen schwand, und Unwillen setzte sich an dessen Stelle. Er fand die Vorstellung, sich nach Dienstschluß noch mit irgendwelchen einfallsreichen Vertretern auseinandersetzen zu müssen, wenig sympathisch. Aber wieso *müssen*? Er mußte ja gar nicht. Er konnte doch einfach hochmütig mit seiner Zweimarkzigarre winken und sagen: ›Scheren Sie sich zum —‹ na ja, ›Teufel‹ wäre wohl ein bißchen zu hart.
»Um was geht's denn?«
Der Lange von jenseits des Gartenzaunes zuckte mit den Schultern, schien eigenartig aufgeregt und starrte an Herrn Kaufmann vorbei. Dieser folgte dem Blick — und was sah er: ein Bäumchen. Der Name war ihm schon wieder entfallen.
»Ich weiß nicht, ob ich mich irre . . . Dazu müßte ich etwas näher herangehen . . .«
»Also meinetwegen, kommen Sie herein!« rief Herr Kaufmann jovial. Neugier hatte ihn gepackt.
Fünf Sekunden später stand der Fremde neben ihm.
»Vielen Dank!« sagte er, ohne den Haus- und Gartenbesit-

zer anzusehen. Dagegen verschlang er besagte Pflanze mit den Augen.
Der Regierungsdirektor kam sich plötzlich überflüssig vor. Das änderte sich jedoch, als der eigenartige Mensch da neben ihm heiser flüsterte: »Tatsächlich, eine echte asiatische ZZZ.«
»ZZZ??« wiederholte Egon Kaufmann. »Was ist denn das?«
Der Kopf des Betrachters fuhr herum, zwei glencheckbewehrte Arme wirbelten wild durch die Gegend.
»Wollen Sie damit sagen, daß Sie nicht wissen, was das hier« — ein ausgestreckter Zeigefinger stieß ein Loch in die Luft — »ist? Das da?«
»Irgendein komisches Bäumchen, nehme ich an«, erwiderte Herr Kaufmann und fühlte ein wenig Verwirrung. Ihm fiel doch im Augenblick tatsächlich nicht ein, wie das Bäumchen hieß. Das war Sache seiner Frau. Er wußte nur eines: Sie hatte es aus der Baumschule mitgebracht!
»Bäumchen . . .« stieß der Fremde hervor, und er tat, als hätte ihn Kaufmann mit einem Schimpfwort belegt. »Bäumchen . . . Herr!!«
»Kaufmann!« sagte Kaufmann in der Annahme, der andere hätte seinen Namen vergessen.
»Angenehm!« sagte der und verbeugte sich kurz und hastig. »Sebastian Schneider! Herr Kaufmann, Sie besitzen eine der seltenen asiatischen Zwerg-Zirbel-Zypressen und wissen es nicht!?«
»Ach . . .«
»Sie müssen ja ein Vermögen dafür bezahlt haben.«
Herr Kaufmann schüttelte den Kopf. Oder hätte er vielleicht nicken sollten?? »Also, das Ding da hat meine Frau vor zwei Jahren aus einer ganz normalen Baumschule mitgebracht . . . Ein Vermögen hat das sicher nicht gekostet.«
»Baumschule?« Der Fremde, der Schneider hieß, rollte ungläubig mit den Augen. »Unfaßbar . . . So einen Schatz.«
»Heißt das, daß das Bäumchen nie größer wird?«
»Das heißt es. Diese Zwerg-Zirbel-Zypresse hat ihr Wachstum bereits beendet. Das tut sie immer, sobald sie 90 Zenti-

meter hoch ist. Jetzt geht es nur noch darum, ob sie überlebt.«
Herr Kaufmann schluckte, und es schmeckte nach Zigarre, was er schluckte. »Überlebt??«
Herr Schneider dagegen schnitt eine bekümmerte Grimasse. »Leider, leider. 80 Prozent aller ZZZs im Freien überleben das dritte Lebensjahr nicht.«
»Na ja, dann setzen wir eben einen Birnbaum hin.«
»Herr K-K-Kaufmann ... Wie können Sie nur so reden!« Der Mann im Glencheck entrüstete sich, dann packte er Kaufmann am Arm und flüsterte atemlos: »Bitte, verkaufen Sie mir diese Zypresse.«
Egon Kaufmann mußte, ganz gegen seinen Willen, lachen. »Da müssen Sie schon mit meiner Frau sprechen. Was ist Ihnen dieses kleine Krüppelbäumchen denn wert?«
Der Interessent blickte finster drein. »Ich habe noch nie jemandes Unwissenheit ausgenutzt«, entgegnete er. »Ich biete Ihnen 6000 Mark!«
Durch den Regierungsdirektor ging ein Ruck. Er suchte im Gesicht seines Gegenübers nach einem versteckten oder offenen spöttischen Lächeln, nach irgendeinem Zeichen von... Aber nein, der sah so verdammt ernst drein, daß Kaufmann vergeblich suchte. Und um einen Traum handelte es sich ebenfalls nicht, denn gerade war er in seiner Verwirrung mit der linken Hand an die Zigarre gestoßen und hatte die Glut gefühlt.
»Auf 7000 Mark würde ich noch gehen, Herr Kaufmann!« Der Ministerialbeamte schaute drein wie eine vom Schlag getroffene Graugans. Und eifrig fuhr der andere fort: »Bitte vergessen Sie nicht, daß für mich ein großes Risiko damit verbunden ist. Wie ich Ihnen bereits sagte, kommen nur 20 Prozent über das dritte Jahr.«
»7000 ...«, murmelte Herr Kaufmann leise, und er dachte: »Wenn ich das im Ministerium erzähle — das glaubt mir kein Mensch.« Er musterte fast ehrfurchtsvoll die kleine mickrige Zypresse, die auf ihn nie einen sonderlichen Eindruck gemacht hatte. »Bitte, wollen Sie nicht mit Ihrer Frau sprechen, Herr Kaufmann?« drängte der Herr namens

Schneider, und der hohe Beamte wurde von einem Teufelchen geritten. Er sah Herrn Schneider an, ließ die rechte Augenbraue nach oben rutschen und wiederholte fragend: »7000?«
»Mein letztes Wort — 8000!«
»8000 ... Einverstanden!« Egon Kaufmann merkte, wie sein Kopf nickte, wie sein Gesicht lächelte und sein Mund sprach: »Ich will meine Frau holen, bitte gedulden Sie sich einen Augenblick, Herr Schneider!«
»Aber gern, Herr Kaufmann ...«

Agnes Kaufmann beschäftigte sich gerade mit einem Stapel Geschirrtücher, als ihr Mann ins Zimmer trat.
»Aber Egon!« tadelte sie vorwurfsvoll, als sie die Zigarre in seiner Hand entdeckte. Es ist anzunehmen, daß Herr Kaufmann dieses gar nicht wahrnahm. »Agnes«, rief er, »komm mit in den Garten, ich habe soeben die Zypresse, die in Wirklichkeit eine asiatische Dingsbums-Zypresse ist, für 8000 Mark an einen Verrückten verkauft.«
Mit einem Dutzend frischgebügelter Geschirrtücher im Arm taumelte Frau Kaufmann rückwärts und sank mit blassen Lippen auf einen Stuhl.
»Was sagst du da, Egon?« stammelte sie geisterbleich.
»Nun hab dich nicht so, freu dich doch!« Der Regierungsdirektor versuchte seiner Ehefrau Begeisterung einzuhauchen. Als er jedoch das Ausmaß ihrer Fassungslosigkeit sah, kam ihm der Verdacht, daß hier etwas nicht stimmen könne.
»Was ist los, Agnes?« wollte er wissen. Es klang ärgerlich. Nichts war ihm verhaßter als Unübersichtliches. Warum zitterte sie?
»Agnes«, wiederholte er noch einmal unruhig, »hast du mich auch richtig verstanden? Für 8000 Mark!«
Ihre Arme mit den Geschirrtüchern sanken herab. »Aber ich habe die Zypresse doch auch schon verkauft. Für *800* Mark!«
Diesmal war es an Herrn Kaufmann, die Welt nicht mehr zu verstehen. Erregt paffte er dicke Wolken ... Zwei Mi-

nuten lang stand er so da und starrte sein bebendes Weib an. Dann stürmte er hinaus ...

Seine Sorge, der Interessent könnte inzwischen das Weite gesucht haben, erwies sich als unbegründet. Nach wie vor stand der Glencheckanzug wie eingepflanzt neben der asiatischen Zwerg-Zirbel-Zypresse.

»Meine Frau läßt sich entschuldigen, aber sie fühlt sich nicht wohl!« schwindelte der Regierungsdirektor mit gequältem Lächeln und fuhr hastig fort: »Sie ist im Grunde mit unserem Geschäft einverstanden, aber sie erbittet sich noch 24 Stunden Bedenkzeit.«

Egon Kaufmann sah sich zwei ausgestreckten Händen gegenüber. »Ich bin sehr glücklich, Herr Kaufmann ... Morgen kann ich leider nicht kommen, aber wie wäre es mit übermorgen um diese Zeit?«

Kaufmann faßte die beiden Hände und schüttelte sie erleichtert. »Würde mir ausgezeichnet passen!«

»Gut, ich bringe dann das Geld mit, 8000 wie ausgemacht... Gartengerät zum Ausgraben haben Sie ja sicher da.«

»Ist alles vorhanden!«

180 Sekunden später standen sie einander wieder gegenüber, Agnes und Egon Kaufmann.

Sie besorgt, er auf Rache sinnend.

»Nun mach doch nicht so ein Gesicht, Egon. Konnte ich denn wissen, daß dieser Strauch so viel wert ist, wenn es nicht mal die Baumschule gewußt hat?«

»Aber er hat es gewußt, dieser — dieser Nikolaus Rummel. Und er hat deine Unwissenheit schamlos ausgenutzt. Mit einem Wort: Er hat dich betrogen!« Herr Kaufmann stieß ein wildes Lachen aus und schüttelte die Fäuste.

»Nun ist es zu spät!« stellte Agnes, seine Gemahlin, fest. Sie hatte sich innerlich bereits mit den Tatsachen abgefunden.

»Nichts ist zu spät!« dröhnte es ihr entgegen. »Ich werde von diesem Herrn ... Herrn Rummel den Baum wieder zurückkaufen! Jawohl!!«

»Er wird ihn nicht mehr hergeben!«
»Das laß nur meine Sorge sein. Schließlich gab es in meiner Familie einige großartige Kaufleute!« Mit einer theatralischen Geste tippte er sich vor die Brust. »Und heiße ich nicht Kaufmann? 8000 Mark ... Zum Teufel, doch nicht mit mir!«

Die Tür öffnete sich, und Herr Kaufmann sah sich einem fröhlich dreinschauenden jungen Mann gegenüber, der in einem japanischen Seidenkimono steckte.
»Mein Name ist Kaufmann. Sind Sie Herr Rummel?«
»Bin ich. Was kann ich für Sie tun?« Nikolaus Rummel hob abwehrend die Hand. »Wenn Sie allerdings vom Verein notleidender Imker kommen — ich habe heute schon gespendet.«
»Nein, nein ... Aber ich hätte Sie gern gesprochen. Es handelt sich um das Geschäft, das Sie mit meiner Frau gemacht haben. Sie erinnern sich doch, die Zypresse.«
Nikolaus Rummel schlug sich vor die Stirn und schmolz dahin vor Liebenswürdigkeit: »Natürlich, natürlich, der Herr Regierungsdirektor. Was ist nur mit meinem Gedächtnis. Bitte treten Sie ein, mein Haus sei Ihr Haus!«
Herr Kaufmann nahm den teuren Hut vom Kopf und trat ein. Nikolaus Rummel dirigierte ihn in das Wohnzimmer, und zwar just zu jenem Sessel, dem man nicht ansah, daß er erstens ein Fernsehsessel und zweitens kaputt war. Und kaum, daß der Herr Regierungsdirektor Kontakt mit der Sitzfläche genommen hatte, wurde er ruckartig nach hinten geschleudert.
Nikolaus Rummel nickte dazu ungerührt und sagte noch immer fröhlich: »So ist's recht, machen Sie es sich nur bequem!«
Als er jedoch sah, wie Herr Kaufmann vergeblich versuchte, seine unwürdige Lage zu verändern, streckte er diesem die Hand entgegen und zog ihn hoch.
»Ich nehme doch lieber den Stuhl!« schnaufte der Regierungsdirektor und zwang sich zu einem Lächeln.

»Kaffee, Selters, Kognak oder Whisky?« fragte Nikolaus Rummel.
»Nein, danke!« Herr Kaufmann atmete kurz und entschlossen tief durch und kam zum Grund seines Besuchs: »Ich bin gekommen, um das Geschäft rückgängig zu machen.«
Nikolaus Rummel riß erstaunt die Augen auf. »Um das Geschäft *rückgängig* zu machen? Aber Herr Kaufmann, ich habe *bezahlt*!«
»Ich zahle Ihnen die 800 zurück!«
»Aber nein, wo denken Sie hin.« Nikolaus wehrte ab. »Nie, niemals. Ich bin glücklich, daß ich das Bäumchen habe!«
Herr Kaufmann versuchte es mit einem vorwurfsvollen, nein, schon mehr mit einem strafenden Blick. Und seine Stimme klang grollend: »Herr Rummel, Sie haben es unter falschen Voraussetzungen gekauft. Sie haben meiner unwissenden Frau nicht gesagt, daß es sich um eine asiatische Zwerg-Zwiebel-Zypresse handelt!«
»Zwerg-*Zirbel*-Zypresse, Herr Kaufmann, wenn ich bitten darf!« warf Nikolaus Rummel streng ein.
»Meinetwegen!« Herr Kaufmann winkte ab. »Jetzt weint meine Frau Tag und Nacht ihrem Bäumchen nach . . . Ich kann das nicht mehr mit ansehen! Haben Sie ein Herz!«
»Geschäft ist Geschäft!« erwiderte Rummel.
»Aber ich kann meine Agnes nicht mehr schluchzen sehen!«
»Dann sehen Sie doch einfach weg!«
»Bitte scherzen Sie nicht, Herr Rummel. Haben Sie denn überhaupt kein Mitleid?«
»Nein!«
»Ich zahle Ihnen Ihre 800 zurück und dazu noch einmal dasselbe für den Verzicht und als Schmerzensgeld — einverstanden?«
Mürrisch schüttelte Nikolaus Rummel den Kopf. »Ich sagte es schon: Geschäft ist Geschäft! Und außerdem habe ich es schwarz auf weiß, daß die Zwerg-Zirbel-Zypresse jetzt mir gehört!«
»Ihre 800 und dazu noch 1000!«
»Nein! Sie haben mich einen Betrüger genannt!«
»Habe ich nicht!« Herr Kaufmann tat entrüstet.

»Doch, Sie haben behauptet, ich hätte die Zypresse unter falschen Voraussetzungen gekauft!«
»Nun gut«, Herr Kaufmann wand sich, »ich habe mich wohl falsch ausgedrückt. Ich nehme es zurück! Ihre 800 und dazu noch 2000!«
»Ich bin unnachgiebig!«
»Aber nicht doch!«
»Bin ich!«
»Ihre 800 und dazu noch 3000!«
Nikolaus Rummel hielt sich die Nase zu und nuschelte: »Ich höre einfach nicht mehr hin!«
»Haben Sie doch Mitleid.« Herr Kaufmann, der Kaufmann, stöhnte und dachte an einzige Zahl: 8000.
»Ihre 800 und dazu noch 3500!«
Nikolaus ließ seine Nase wieder los, rieb sie und lamentierte: »Sie sind nur hergekommen, um mir den Abend zu verderben. Sie sollten sich was schämen, Herr Regierungsdirektor.«
»Ihre 800 und 4000!«
»Meine schöne Zwerg-Zirbel-Zypresse . . .«
»5000!!«
»Ich weiß nicht . . .« Nikolaus zog einen Flunsch.
»5000!!« sagte Herr Kaufmann noch einmal. Lauter, eindringlicher, betonter. Ja, er dehnte die Zahl wie einen Hosenträger.
»Hm«, brummte Rummel und legte den Zeigefinger neben die Nase. *»5000??«*
»5000!«
»Und meine 800!«
Herr Kaufmann nickte strahlend und sagte: »Und Ihre 800. Ich habe das Geld mitgebracht, damit wir die Sache auf der Stelle aus der Welt schaffen können.«
Nikolaus Rummel schlurfte wie ein trauernder Hinterbliebener durch das Zimmer und blieb dann vor Herrn Kaufmann stehen. »Sie brechen ein Zypressenherz! Das sage ich Ihnen! Nur Ihrer Frau zuliebe lass ich mich breitschlagen . . . Also meinetwegen — 5800!«
Herr Kaufmann, Regierungsdirektor im Ministerium für

Umweltschutz, hatte bereits ein Bündel Geldscheine aus der Tasche gezogen. Und mit triumphierender Stimme begann er zu zählen: »1000 ... 2000 ... 3000 ...«

10 Uhr vormittags. Nikolaus Rummel lag auf seiner Couch und preßte den Telefonhörer gegen das Ohr. Zweimal hatte es bereits geläutet. Da, endlich ...
»Ja, bitte, hier Schneider!«
»Ich bin's, Sebastian ... Das Geschäft ist gelaufen. Komm heute mittag vorbei und hol dir deinen Anteil ab. Aber beeil dich!«
»Warum soll ich mich beeilen?«
»Ganz einfach, weil ich heute abend für ein paar Wochen nach Sizilien fahre ... Ausspannen, weißt du?« Nikolaus grinste seinem unsichtbaren Gesprächspartner zu, der in diesem Augenblick sehr viel weniger fröhlich feststellte: »Während du verreist, wird mich mein schlechtes Gewissen um den Schlaf bringen!«
Nikolaus lachte. »Dafür hast du das Vergnügen, dich an dem entsetzten Gesicht des Herrn Kaufmann zu erfreuen. Ja, ja, die Geldgier ... Und nicht nur das, außer diesem Vergnügen wartet auf dich noch ein zweites.«
»Und welches ist das?«
»Du kriegst etwas, was ich nicht kriege!« Nikolaus kicherte leise. »Post aus Sizilien!«
»Ungefähr wie die Post, die ich vom Vierwaldstätter See bekommen habe«, höhnte Sebastian, doch Nikolaus winkte ab: »Kein Grund zur Aufregung. Den Schweizer Brief kannst du heute mittag mit dem Geld mitnehmen. Ich habe ihn vorhin in der Tasche meines Bademantels gefunden!«
»Du bist ein Halunke, Niki. Ein ausgemachter Halunke ...«

Egon Kaufmann kam Sebastian Schneider strahlend entgegen. Aber es war nicht nur reine Freude, die aus seiner Miene sprach, in erster Linie war es Erleichterung.
»Da sind Sie ja, Herr Schneider. Ich habe Spaten und Schau-

fel schon zurechtgelegt ... Auch einen Plastiksack für den Erdballen habe ich besorgt ...«

In dieser Sekunde schwor sich Sebastian hoch und heilig, daß er sich nie wieder an einer von Nikis hinterlistigen Geschichten beteiligen würde.

Äußerlich dagegen zwang er sich zu einem zerknirschten Gesichtsausdruck, und seine Stimme vibrierte, als er dem Regierungsdirektor den entscheidenden Stoß versetzte: »Es tut mir ja sehr leid, Herr Kaufmann. Aber es ist mir was dazwischengekommen. Nun werde ich die einmalig schöne Zwerg-Zirbel-Zypresse doch nicht kaufen können ...«

Herrn Kaufmanns Mund bewegte sich wie der eines Spiegelkarpfens, den man statt ins Wasser in eine Ackerfurche gelegt hatte. Noch bevor er einen Ton herausbrachte, fuhr Sebastian in seinem traurigen Monolog fort:

»Ich bin selbst äußerst unglücklich über diese Umstände. Aber wissen Sie was, Sie sollten das von der besten Seite sehen. Nun braucht sich Ihre Frau nicht mehr zu grämen, daß man ihr das Bäumchen wegnimmt. Es wäre doch sehr egoistisch von mir gewesen, wenn ... Na ja, Sie wissen schon, was ich meine ... Trotzdem, es hat mich sehr gefreut, Ihre Bekanntschaft gemacht zu haben ... Und grüßen Sie Ihre Frau Gemahlin unbekannterweise von mir ... Und vielen Dank noch ...«

»Oh ... ich ... das ... das ...«, stammelte Herr Kaufmann zusammenhanglos.

Sebastian nickte und tat glücklich. »Ich wußte doch, daß Sie sich darüber freuen ... Also — auf Wiedersehen, Herr Regierungsdirektor ...«

Der Tag, an dem der kleine Picasso verschwand...

Eine ebenso traurige wie kriminelle Geschichte
in 13 Bildern

Von der sogenannten besseren Gesellschaft in St. Barromäo am Großen Wasser, wußte man dreierlei:
Sie besaß mehr Geld, als in St. Barromäo auszugeben war,
sie besaß eine Menge Zeit,
und sie besaß Amadeos Feuervogel, der dafür sorgte, daß die Menge Zeit nicht umschlug in eine Menge Langeweile.
Amadeos Feuervogel, im vergangenen Jahr von der besseren Gesellschaft zum »Mister Häßlich« gewählt, organisierte reineweg alles: Kostümfeste, Badewannenregatten, Radrennen (mit Rädern ohne Ketten), Sackhüpf-Olympiaden und so weiter, und so fort . . .
In diesem Fall hier, der später bei der örtlichen Kriminalpolizei unter der Aktennummer
St.B.24/MR 1212/77-1292 EAM/AI — BIV/77 Xa
registriert wurde, handelte es sich um ein Kostümfest ganz besonderer Art.

Veranstalter: Herr und Frau van Pippel
Anzahl der Gäste: 15
Erwünschte Kostüme: Märchen- und Comicfiguren
Beginn des Festes: 21 Uhr 21
Ort des Festes: Der Grüne Salon in der Villa der van Pippels.

Das sind die Gastgeber:
Erlinda und Theo van Pippel.
Erlinda (41) als Prinzessin, Theo (51) als Tarzan.

Erlinda stand in St. Barromäo einem Zirkel vor, der sich der Reinhaltung des Großen Wassers verschrieben hatte. Außerdem übte sie sich täglich zwei Stunden in der Kunst des Bockflöteblasens. Daß sie dazu einen gepolsterten Kellerraum aufsuchte, lag an ihrer Unfertigkeit im Musizieren und Theos ausgeprägter Musikalität.
Erlinda aß mit Leidenschaft rohen Fisch, fürchtete sich vor Käfern und schämte sich ihres steifen Daumens, den sie sich bei einem Sturz vom Stuhl gebrochen hatte, und der nicht wieder zusammengewachsen war.
Theo van Pippel lebte vom Export. Er besaß insgesamt drei große Fischfabriken, deren Erzeugnisse in alle Himmelsrichtungen gingen. Daß Theo und die Seinen sorgenfrei lebten, verdankten sie den Direktoren, die sich um das Zeug in den Büchsen kümmerten. Theo selbst hatte nicht die leiseste Ahnung, wie alles funktionierte. Er war nur der Erbe, aber ...
Er war ein freundlicher Erbe!
Niemand hatte ihm je nachsagen können, er gäbe sein Geld schlechtgelaunt aus.

Das ist Otto Kunz-Schmittchen (45).

Er traf als erster der geladenen Gäste ein, nämlich bereits um 21 Uhr 01.
Otto hatte sich für ein Kostüm aus Tausendundeiner Nacht entschieden.
Man sagte Otto nach, er nähme deshalb nicht zu, weil er noch für das leibliche Wohl von mindestens sechs Mitessern aufkommen müsse. Gemeint waren damit ein halbes Dutzend Bandwürmer.
Otto litt ständig unter Hungergefühlen und ließ keine Gelegenheit vorübergehen, um diese zu lindern.
Er aß alles! Von einem Feinschmecker war er so weit entfernt, wie ein Tretroller von einem Rolls Royce.
Otto, Eigentümer eines gutgehenden Reisebüros, galt als leidenschaftlicher Roulettspieler und brillanter Geschichtenerzähler.

Die Geschwister Clemens (35) und Mathilda Buskow (29) trafen um 21 Uhr 05 ein. Er, trällernd, sie mit ihrem üblichen melancholischen Hundeblick.
Clemens als Ritter, Mathilda als Micky Maus.
Clemens galt als glückloser Kunsthändler, der immer das Falsche einkaufte, und das Vorhandene billig verkaufte, bevor es teurer wurde.
Mathilda betrieb eine Boutique, die den stolzen Titel trug: »Bei Mathilda der Großen«. Und sie übertrieb in keiner Weise, denn sie überragte ihren Bruder um einen ganzen Kopf.

Amadeos Feuervogel (30) klingelte Sekunden nach den Buskows an van Pippels Tür.
Eine Katzenmaske verdeckte seine ganze Häßlichkeit; die viel zu großen Ohren, die platte Nase und die winzigen Knopfaugen.
Eine Mäusemaske hätte ihm eigentlich viel besser zu Gesicht gestanden.
Doch Amadeos war ja eine »Figur«.
Welche?
Nun, wer es noch nicht an seinem Gesicht erraten hatte, der wußte es spätestens, wenn er seine Beine betrachtete: Die steckten in riesigen Stulpenstiefeln.
»Mister Häßlich« trat als Gestiefelter Kater auf.

Unter der Maske von Rotkäppchen steckte Luise Waschlatz (50), die lustigste Witwe von St. Barromão.
Luises Reichtum entstammte der Hinterlassenschaft von Patrick Waschlatz, der ein international erfolgreicher Börsenmakler war, bevor er versuchte, mit 3 Promille Alkohol im Blut und seinem Motorrad unter der Schlafanzughose, das Große Wasser zu überqueren.

Das sind Charly Schaffnatzky, Vater (58), mit Moritz Schaffnatzky, Sohn (31).
Als Wilhelm Tell und Sohn trafen sie 21 Uhr 11 ein.
Die Schaffnatzkys waren die Inhaber des Juweliergeschäfts neben dem Rathaus.
Charly, der Vater, wickelte die Geschäfte ab und die Kundschaft ein, während sich Moritz immer im Hintergrund hielt. Er litt an einem Sprachfehler — er stotterte. Ja, so sehr er sich auch mühte: es gelang ihm nur, in Raten zu sprechen.
Nur »Oooooh« und »Aaaaah« konnte er in einem Stück sagen. Und deshalb nannte man ihn in St. Barromäo auch nur den »Ohaa«.

Melanie Moos (38), selbständige Kunsthändlerin, war die schönste Dame in der ganzen Runde.
Schön war sie und klug war sie und unverheiratet war sie.
Letztere Tatsache versuchte Otto Kunz-Schmittchen seit Jahren ohne Erfolg zu ändern.
Melanie »traf nicht ein«, »kam nicht an«, Melanie schwebte herbei.
Mit einem Spiegel in der Hand und als »schöne Königin« aufgerüstet, verkündete sie, daß »keine schöner sei im ganzen Land«.
Die Herren nickten beifällig, die Damen zeigten verkniffenes Zitronenlächeln.

Riese Richard Keiffel (38), der, auf dem Fahrrad, sozusagen im Gefolge von Melanies Parfüm nur zwei Minuten später die Gesellschaft vergrößerte, stellte wohl die originellste Märchenfigur dar.
Wie würde er wohl mit seinen langen Fingernägeln die Köstlichkeiten des kalten Büfetts ergreifen wollen?
Aus seinem riesigen Struwwelpeter hätte man glatt drei in Originalgröße machen können.

21 Uhr 15 stand die gesamte Familie Bolle vor der Villa der Gastgeber.

Eduard (46) als Asterix, seine Frau Kiki (42) als Witwe Bolte und die Zwillinge (20) Doris und Iris als Max und Moritz.

Eduard Bolle hatte den größten Bootsverleih an der gesamten Westküste des Großen Wassers.

Er hielt sich für einen genialen Erfinder und hatte kein Verständnis dafür, wenn andere sich über seine Kreationen lustig machten.

Zum Beispiel über seinen Eier-Zubereiter. In ihm wurde das Ei nicht nur gekocht, sondern auch geschält, gesalzen und in Scheiben geschnitten.

Oder über seinen Regenschirm, der oben das Wasser auffing, es durch die Mittelstange »fallen« ließ und dabei einen Dynamo antrieb, der wiederum mehrere Birnen rund um den Schirm zum Leuchten brachte.

Eduard hatte eine beheizte Unterhose für Bergwanderer erfunden und einen Lippenstift, der auch als Sirene zu verwenden war.

Als Heike (26) und Tim (29) Dalander ihrem rassigen Sportwagen entstiegen, war es Punkt 21 Uhr 21.
Heike steckte in einem einfachen Kleidchen, über das eine Schürze gebunden war. Dazu trug sie Söckchen und ausgetretene Schuhe.
Tim war mit einer Art Seppelhose, buntem Hemd und Kniestrümpfen bekleidet. Auf dem Kopf saß ein verschrumpeltes Hütchen. Alles in allem glich er der schlechten Karikatur eines oberbayerischen Senners.
Beide wunderten sich, daß man in ihnen nicht sofort »Hänsel und Gretel« erkannte.
Das Ehepaar Dalander betrieb in St. Barromäo eine exklusive Tanzschule, die hauptsächlich von Gästen besucht wurde, die längere Zeit am Ort blieben. Begüterte Müßiggänger, zum Beispiel, und gutgestellte Arbeitslose, die die schlechte Arbeitslage zu einem ausgedehnten Urlaub nutzten.
Heike war nicht gerade eine Schönheitskönigin. Am meisten litt sie unter ihren überlangen Armen. Tim nannte sie deshalb manchmal liebevoll »mein Affenweibchen«.
Tim selbst, frühzeitig von einem heimtückischen Haarausfall zum Dreiviertel-Glatzkopf gemacht, trug ein wunderschönes Toupet.

Das Fest konnte beginnen!

Das Fest begann wie üblich mit einer Runde roten Champagner. Anschließend wurde eine Stunde nach der Musik aus vier Lautsprechern getanzt. Zwischendurch durfte sich, wer hungrig war, am Kalten Büfett vergnügen.
Punkt 23 Uhr startete »Mister Häßlich« die erste Spielrunde. Der Sieger sollte 100 Austern erhalten, der Verlierer mußte bezahlen. Es war ein albernes Spiel, bei dem man rohe Eier in ein aufgespanntes Netz werfen mußte.
Es siegte Moritz Schaffnatzky, der daraufhin vor Aufregung einen Schluckauf bekam. Als er als Sieger mit der Dame des Hauses den Siegerwalzer tanzte, trat er »Prinzessin« Erlinda so oft auf die Füße, bis sich diese revanchierte. Dem armen Moritz traten vor Schreck und Schmerz die Tränen in die Augen, als sie ihm den spitzen Absatz auf den rechten Fuß rammte.
»Ooooooh«, machte er und sah Erlinda van Pippel an, als habe er vor, sie in einen Tausendfüßler oder Ähnliches zu verwandeln.
Mit Tanz und ausgelassener Laune ging es in den neuen Tag hinein.
Eine Viertelstunde nach Mitternacht platzte die Bombe! Theo van Pippel schleuderte zur Tangomusik gerade den Zwilling Max über das Parkett, als sein Blick ganz zufällig auf die Wand neben der Tür zum Speisezimmer fiel.
Er hielt mitten im Tanzschritt inne und stieß einen Laut des Entsetzens aus. Dann rief er laut: »Der kleine Picasso ist verschwunden!«
Sein ausgestreckter Zeigefinger deutete auf die lichte Stelle an der Wand, wo noch vor kurzem das kleine Bild mit dem Apfelesser gehangen hatte . . .
Die nachfolgenden drei Seiten zeigen illustriert den Grünen Salon, den kleinen Raum mit Büfett und den Balkon, zu dem man vom Grünen Salon aus gelangte. Die Illustrationen stellen den Zeitpunkt der Entdeckung dar. Bis auf die diebische Person selbst, die in diesem Augenblick gerade die Beute in Sicherheit bringt, sind alle geladenen Gäste zu sehen.
Wer ist diese diebische Person?

Zellengespräche

Otto: Ei, sieh nur, Bruno, wir bekommen Zuwachs!
Hansi: *(schüchtern)* Guten Tag, ich bin neu hier. Ich soll mit Ihnen für drei Tage die Zelle teilen.
Otto: Hörst du, Bruno, das ist einer, der auf Höflichkeit macht ...
Bruno: *(tut höflich)* Hat der eben was von Teilen gesagt?
Otto: Ja. Das Männchen möchte mit uns die Zelle teilen ...
Hansi: *(räuspert sich)* Erlauben Sie, daß ich Sie berichtige, meine Herren.
Ich habe nicht gesagt, daß ich möchte, ich habe gesagt, daß ich soll!
Otto: Iiiii, das ist ein Wortklauber, Bruno ... Und er hat ›Herr‹ zu mir gesagt.
Bruno: Zu mir auch?
Otto: Zu dir auch!
Bruno: Dann wollen auch wir höflich sein. Das Männchen soll sich setzen, damit wir ihn besser beschnuppern können.
Hansi: Erlauben die Herren, daß ich mich vorstelle: Hans-Georg Schütze ... *(geziert)* Gute Freunde nennen mich Hansi.
Otto: *(trocken)* Setz dich!
Hansi: Wie bitte?
Otto: Du sollst dich setzen!!
Hansi: *(versucht zu protestieren)* Erlauben Sie, wie reden Sie denn mit mir? Sie können mich doch nicht einfach duzen!
Otto: *(heftig)* Hinsetzen!!!
Hansi: *(setzt sich)* Ich bin solches nicht gewöhnt, meine Herren, ich ...
Otto: Klappe!!! Du redest nur, wenn du gefragt wirst!

Bruno: *(träge)* Er hat sich vorgestellt, Otto, stell uns auch vor!

Otto: Meinetwegen. Das ist Bruno, ich bin Otto ...

Bruno: Frag das Männchen, warum es hier ist!

Otto: Männchen, warum bist du hier?

Hansi: *(eingeschüchtert)* Ich — ich — ich bin unschuldig. Ich bin sozusagen ein Justizirrtum, aber meine Unschuld wird sich bald herausstellen ... Ich bin, das heißt, ich war Buchhalter und Kassierer bei Mückemann & Co., einer Holzgroßhandlung in Bachenweiler am Lech. Irgend jemand hat mir heimlich fünfzig Mark in die Tasche gesteckt, die dann in der Kasse gefehlt haben ... So war das!

Otto: Hast du es gehört, Bruno, das Männchen hat Geld gestohlen ... *(theatralisch)* Er hat geklaut, ohne sich dabei Arbeit zu machen.

Bruno: Pfui!!

Hansi: Aber ich bin doch unschuldig. Das Ganze war ein hundsgemeiner Trick. Ich bin davon überzeugt, daß die Putzfrau mir eins auswischen wollte.

Otto: Du sollst doch nur reden, wenn du gefragt wirst. Ich glaube, Bruno, das Männchen hat ein poröses Gedächtnis.

Bruno: Erklär ihm die Zellenordnung, Otto!

Otto: Steh auf, Männchen! *(Hansi steht auf.)*
Setz dich, Männchen! *(Hansi setzt sich.)*
Steh auf, Männchen! *(Hansi steht auf.)*

Hansi: *(schluckt)* Aber was soll denn das?

Otto: Hinsetzen! *(Hansi setzt sich.)* Das soll dir sagen, wer hier das Sagen hat! Bruno ist die Nummer eins hier, und ich bin sein Stellvertreter, kapiert?

Hansi: Wie Sie meinen!

Otto: Was Bruno sagt, wird gemacht, kapiert?

Hansi: *(gequält)* Bitte ...

Otto: Und jetzt werd' ich mal aufzählen, was Bruno sagt ...

Bruno: Aber sag es dem Männchen höflich!

Otto: Also, Bruno sagt, daß du unsere Betten machen

wirst! Daß du täglich um fünf die Zelle auskehrst und putzt. Daß du das Geschirr in Ordnung hältst . . .

Hansi: *(protestiert)* Aber ich bitte Sie, meine Herren, ich bin doch nicht Ihr Sklave!

Bruno: *(knallt Faust auf den Tisch)* Wir sind eine saubere Belegschaft.

Hansi: Aber i-i-ich habe ja nichts gegen Sauberkeit, nur . . .

Otto: Ach so, er will nicht nur putzen, Bruno.

Bruno: Hm, gut, aber nur ausnahmsweise!

Hansi: *(mißtrauisch)* Ausnahmsweise? Was meinen Sie mit ›nur ausnahmsweise‹?

Otto: Bruno gestattet, daß du uns jeden Freitag ausnahmsweise die Zehennägel feilen und aus der Zeitung vorlesen darfst.

Hansi: Ich . . . Ich werde mich beschweren!

Otto: *(leise)* Er will sich beschweren, Bruno!

Bruno: *(ebenso)* Hör zu, Männchen. Wir sind die Liebenswürdigkeit selbst. Aber wenn du uns schikanieren willst, dann werden wir dich zusammendrücken, bis du in einer Konservendose Walzer tanzen kannst!

Otto: Bruno ist sehr stark, mußt du wissen, Männchen.

Hansi: *(bebend)* Ich habe ja gar nichts gesagt.

Otto: *(erstaunt)* Hast du gehört, Bruno, er hat gar nichts gesagt, sagt er. Dabei redet er ununterbrochen . . .

Hansi: Ich meine — wir sind — ich meine, wir sind ja aufeinander angewiesen . . . *(lacht gequält)* Hahaha, Sie sind wohl rechte Spaßvögel . . .

(Stille)

Otto: *(leise)* Männchen, Männchen, wie kannst du uns nur für Spaßvögel halten?

Hansi: Aber das ist mir nur so rausgerutscht . . . Vielleicht darf ich mal fragen, warum Sie hier sind?

Otto: Hast du gehört, Bruno, das Männchen ist neugierig.

Bruno: Ich meine, das ist sein gutes Recht. Wenn er für

	uns putzen und lesen darf, dann darf er auch neugierig sein.
Otto:	Du willst also wissen, warum wir hier sind . . .
Hansi:	Nun, ich meine, das würde dem allgemeinen Verständnis untereinander nur dienlich sein. Es könnte ja sein, daß Sie auch Justizirrtümer sind— oder? *(Otto und Bruno beginnen zuerst leise, dann laut und herzhaft zu lachen / Lachen reißt plötzlich ab.)*
Hansi:	*(beunruhigt, unbehaglich)* Es freut mich, wenn Sie sich freuen . . . Ja, wirklich . . .
Otto:	*(stolz)* Ich bin hier, weil ich einen Tresor aufgeschweißt habe, Männchen.
Hansi:	Oh — einen Tresor — in einer Bank?
Otto:	Nein, in einer Baufirma. Rate mal, Männchen, was in dem Tresor drin war.
Hansi:	Viel Geld?
Otto:	*(wütend)* Viel Geld, viel Geld . . . Ganze fünf Mark. Und dazu noch drei Kaugummis.
Hansi:	*(erstaunt)* Und deswegen schweißen Sie einen Tresor auf?
Otto:	Man hatte mir gesagt, da stecke eine halbe Million drin. Fünf Stunden hab ich gebraucht, um das Schränkchen zu knacken, und dann ganze fünf Mark. Kannst du dir meine Wut vorstellen, Männchen?
Hansi:	Ich kann mir . . .
Otto:	*(unterbricht ihn)* Nichts kannst du! Ich habe das gesamte Büro kurz und klein geschlagen. Den Lärm hat man bis zur Polizei gehört!
Hansi:	Das war natürlich ein Fehler.
Otto:	Das war Wut, Männchen. Nackte, kalte Wut!
Hansi:	Verstehe . . . Ihr Kollege Bruno — war der auch dabei?
Otto:	*(entrüstet)* Hast du es vernommen, Bruno, der hält dich für einen Tresorknacker!
Bruno:	Sag ihm, daß er dafür sein Abendessen an mich abtreten muß.

Otto: Hast du es gehört, Männchen? Pech gehabt... Heute abend gibt's nämlich Fisch!

Hansi: Ach...

Otto: Was ach?

Hansi: *(verschmitzt)* Ich mach mir überhaupt nichts aus Fisch.

Bruno: Erzähl's ihm, Otto!

Otto: *(feierlich)* Bruno ist was Besseres, mußt du wissen. Der macht so... *(Geräusch des Halsabschneidens)*

Hansi: *(springt entsetzt auf)* Ein Mörder? Er ist ein Mörder? Ich werde sofort um Hilfe rufen...

Bruno: *(knallt Faust auf den Tisch)* Hinsetzen!!!

Otto: *(sanft)* Ich glaube wirklich, Männchen, bei dir laufen ein paar Rädchen rückwärts... Bruno hat zwei Schweine geschlachtet!

Hansi: *(erleichtert):* Ach so... Und ich hab schon gedacht... *(stutzt)* Aber wieso ist er dann hier? Schweineschlachten ist doch nicht strafbar...

Otto: Wenn er seine eigenen Schweine geschlachtet hätte, hätte ja auch niemand was gesagt...

Hansi: Ach, es waren gar nicht seine Schweine...

Otto: Nein, sie gehörten zufällig dem Bürgermeister.

Hansi: Ach... *(lacht)* Jetzt versteh ich. Der Bürgermeister wußte gar nichts von diesem Schlachtfest, was?

Otto: *(ernst)* Warum lachst du, Männchen?

Hansi: *(erschrocken)* Ich — ich — ich habe mir nur gerade das Gesicht des Bürgermeisters vorgestellt.

Otto: Bruno ist ein sogenannter Großschlachter. Der macht pro Woche mindestens zehn Kühe und fünf Schweine.

Hansi: Aha... Und die gehören alle nicht ihm?!

Otto: Natürlich nicht. Säße er sonst hier?

Bruno: Frag ihn, ob er singen kann, Otto!

Otto: Kannst du singen, Männchen?

Hansi: Wozu singen? Sie meinen richtig singen?

Otto: Ja, so wie do re mi fa so la... und so weiter!

Hansi: Ich kann höchstens ›Fuchs, du hast die Gans gestohlen . . .‹ singen. Aber warum fragen Sie das?

Otto: Soll ich es ihm sagen, Bruno?

Bruno: Sag es ihm!

Otto: Du wirst singen, während wir sägen!

Hansi: Sägen???

Otto: Ja, die Gitterstäbe durchsägen!

Hansi: *(erschrocken)* Oh, Sie wollen ausreißen?

Otto: *(äfft nach)* ›Oh, Sie wollen ausreißen?‹ Natürlich wollen wir. Oder denkst du, daß wir warten, bis uns hier die Bärte durch den Fußboden wachsen? Spätestens am Mittwoch türmen wir! Drei Stäbe haben wir schon durch.

Bruno: *(breit)* Ich hätt eine Idee, Otto.

Otto: Hast du gehört, Männchen, Bruno hat schon wieder eine Idee.

Bruno: Wir werden singen, und das Männchen wird die restlichen vier Stäbe in Angriff nehmen.

Hansi: *(protestiert lebhaft)* Aber ich habe in meinem ganzen Leben noch keine Gitterstäbe durchgesägt. Nein, da mache ich nicht mit . . .

Bruno: *(leise)* Otto, hol das große Messer!

Hansi: *(heftig)* Halt, nicht . . . Ich meine — ein Eisenstäbchen könnt' ich ja riskieren, aber mehr . . .

Otto: *(drohend)* Männchen, Männchen . . .

Hansi: Na ja, vielleicht zwei. Aber mehr bestimmt nicht. *(resolut)* Und wenn Sie mich schlachten! Außerdem bin ich kein guter Säger. Zu Hause in meinem Garten liegt ein Birkenstamm, an dem säge ich schon seit zwei Jahren und hab ihn immer noch nicht klein.

Otto: *(mißtrauisch)* Ich weiß nicht, Bruno . . . Stellt der sich nur so, oder ist der wirklich ein bißchen feucht am Scheitel?

Bruno: *(klagend)* Er kann nicht singen, er kann nicht sägen, und Fisch will er auch nicht . . .

Otto: Das ist bedenklich, was?

Bruno: Daß sich die Gerichte nicht schämen, so was einzusperren.

Hansi: *(steht auf)* Wissen Sie was, meine Herren, ich werde dem Wärter klingeln ... Er soll mich doch lieber gleich in eine andere Zelle verlegen. Dann haben Sie Ruhe und müssen sich nicht mit mir rumärgern. Vielleicht findet sich für Sie ein kleiner ehrlicher Taschendieb.

Otto: Hast du gehört, Bruno, das Männchen will uns verlassen. Wollen wir ihn ziehen lassen?

Bruno: *(elegisch)* Laß ihn sausen, mir hat sein Gesicht von Anfang an nicht gefallen.

Otto: Und was sagen wir dem Wärter? Du weißt, der schöne Alois hat heute Dienst.

Bruno: Wir sagen dem schönen Alois, tja, was sagen wir ihm. Natürlich, ganz einfach. Wir sagen ihm, daß das Männchen drei Gitterstäbe durchgesägt hat, und wir dagegen sind.

Otto: *(freut sich)* Das ist wieder eine geniale Idee ... Na los, Männchen, nun klingle schon!

Hansi: *(geht zum Stuhl, läßt sich fallen, stöhnt)* Dann säge ich doch lieber ...

Otto: Bravo, Männchen, bravo. Zum Dank darfst du heute abend nicht nur deinen, sondern auch noch unseren Fisch essen!

Meisterdetektiv Balduin Pfiff und der Tintenkleckser

Heiliges Kanonenröhrchen, nichts konnte den kleinen dikken Meisterdetektiv mehr auf das Südseegestrüpp (er meinte damit Palmen!!) bringen, als Glockengeläute an der Tür, wenn er kochte.

Und jetzt klingelte es!

»Chrrrrrr ...«, knurrte Pinsel, der genau wußte, wann sein Herr und Futtergeber nicht gestört sein wollte.

»Hast du gehört, Pinsel, es hat geklingelt«, sagte Balduin nach unten, wo sein kleiner Vierbeiner saß.

Pinsel hatte kreisrunde Augen und versuchte vergeblich seine Gier nach dem zu unterdrücken, was, unerreichbar für ihn, auf der linken, hinteren Ecke des Tisches lag: Wiener Würstchen.

Der kleine Detektiv ließ die Mundwinkel fallen, was ein typisches Zeichen für leichte Gereiztheit war. Seine Hände fuhren über die Schürze und mit dröhnendem Links-zwo-drei-vier marschierte er zur Tür.

In diesem Augenblick klingelte es zum zweiten Mal.

»Ein Ungeduldiger, ei der Daus!« schimpfte Balduin Pfiff, und Pinsel stimmte dem mit zwei kräftigen »Wau-Wau« zu.

Es war kein Ungeduldiger, sondern eine grauhaarige zierliche Frau.

Balduin Pfiff musterte sie ungeduldig.

»Ich bin Frau Albrecht, wir hatten vorhin miteinander telefoniert ...« Sie stutzte und fügte verlegen hinzu: »Ich meine, wenn Sie Herr Pfiff sind.«

»Hehehehe«, lachte der Meisterdetektiv meckernd und deutete auf seine Schürze. »Ich bin's, wenn es auch im Augen-

blick nicht so aussieht. Und noch etwas will ich Ihnen verraten: Ich hatte Sie glattweg vergessen!«
»Oooooh ...« Frau Albrecht schien erschrocken.
»Bitte, treten Sie ein!« forderte Balduin seine Besucherin auf und machte eine einladende Handbewegung. »Ich hoffe, Sie haben nichts dagegen, wenn ich Ihnen statt des Büros die Küche anbiete. Aber ich bin gerade beim Kochen ...«
»Ich bewundere Männer, die kochen können«, nickte Frau Albrecht.
»Dann müssen Sie mich aber *sehr* bewundern, hehehe, denn ich koche *sehr* gut!« Er klopfte sich auf seinen gewaltigen Kugelbauch. »Und wie Sie sehen, setzt es auch an!«
Die zierliche Frau ließ sich auf einem Küchenstuhl nieder, und nachdem sie Pinsel die von diesem erwünschten Streicheleinheiten gewährt hatte, hob sie schnuppernd die Nase und erkundigte sich dann: »Das riecht so angenehm quer durch den Garten. Was kochen Sie denn?«
»Haben Sie schon mal was von Kutscherglück gehört?« fragte Balduin und tat pfiffig, während das Wiegemesser über die Petersilie schaukelte.
»Kutscherglück??« Frau Albrecht schüttelte die grauen Löckchen. »Noch nie.«
»Nun ja«, meinte Balduin, »Koch-Erstkläßler würden es vielleicht auch als Kartoffelstückchen bezeichnen, aber ich, ich nenne es so, wie es hieß, als es einst erfunden wurde ...«
»Würden Sie mir das Rezept verraten?«
»Hm ...« Balduin Pfiff sah kurz auf. »Drücken wir es ein bißchen anders aus: Ich weihe Sie in die Herstellung von Kutscherglück ein. Aber erst, wenn der Fall abgeschlossen ist.«
»Einverstanden ...«
»Dann schießen Sie mal los mit Ihren Sorgen. Stört es Sie, wenn ich dabei das Rindfleisch schneide?«
»Aber nein, schneiden Sie nur ...«
Während Balduin Pfiff den Rindfleischklumpen aus der Suppe fischte, begann Frau Albrecht zu berichten: »Ich muß gestehen, daß ich lange überlegt habe, was ich tun soll. Zur

Polizei gehen, gar nichts unternehmen, oder mich an einen Privatdetektiv wenden.«
Sie seufzte leise.
»Wissen Sie, wenn man alleinstehend ist, wenn man niemanden hat, mit dem man sich beraten kann, ist es schwierig, das Richtige zu tun ...«
Pinsel hob die Nase und schniefte geräuschvoll und respektlos mitten hinein in Frau Albrechts Ausführungen. Beim Hundegott, das waren wieder Gerüche, die da verführerisch in dicken Schwaden an seinem Geruchsorgan vorbeizogen! Das Wasser lief ihm unter der Zunge weg. Und da keiner Notiz von ihm nahm, stieß er seine Nase an die Wade, die zwischen den Stuhlbeinen über ihm schwebte. Nichts. Die Besitzerin reagierte kein bißchen. Sie redete einfach weiter, als hätte nur sie allein Probleme. – Hmmmmm, wie das duftete ...
»Seit drei Tagen, Herr Pfiff, wirft jemand gefüllte Eier auf meinen Balkon.«
Balduin Pfiff sah kurz auf, schüttelte den Kopf und entrüstete sich: »Heiliges Kanonenröhrchen, welch eine Verschwendung. Womit gefüllt?«
»Mit roter Tinte. Mein Balkon sieht aus wie ein Schlachthof.«
»Pfui!!« rief der kleine Dektektiv, und »Au!!« stöhnte er gleich hinterher. Das Fleisch war noch höllisch heiß.
»Ich habe ja schon von einer Menge Bosheiten gehört, aber daß jemand einem anderen Tinteneier auf den Balkon schmeißt, das ist was ganz Neues. Haben Sie einen Verdacht, Frau Albrecht?«
Sie zuckte ratlos mit den Schultern. »Es würde wohl albern klingen, wenn ich sagte, ich traue es keinem zu. Natürlich habe ich schon überlegt, wer dahinter stecken könnte. Aber wen soll ich verdächtigen, wenn nur zwei in Frage kommen. Die Korbmanns oder die Hellers? Die einen wohnen links von mir, die anderen rechts.« Und mit einem bedauernden Schulterzucken sagte sie noch leise: »Beide Familien reden nicht mit mir.«
»Ei der Daus, warum denn nicht?«

»Seitdem ich Herrn Korbmann gefragt habe, ob er nicht vielleicht in einem anderen Zimmer Trompete blasen kann, sieht er an mir vorbei. Dabei habe ich ihn wirklich ganz freundlich gefragt. Und es ist doch unangenehm, wenn man schlafen muß, und nebenan bläst einer Trompete, als sei er ganz allein im Haus.«

»Aber wenn er sich an die üblichen Zeiten hält . . .«, warf Balduin Pfiff ein und dachte da an seine Mundharmonika. Aber zwischen einer Trompete und einer Mundharmonika war wohl doch ein ziemlich lauter Unterschied.

»Natürlich hält er sich an die Zeiten, aber was nutzt mir das, wenn ich Nachtdienst habe und am Tag schlafen muß. Ich arbeite nämlich als Schwester im Krankenhaus.«

Balduin Pfiff fischte die Möhren aus dem Topf und gab das kleingeschnittene Fleisch zurück. Während er nun die butterweichen Möhren in dünne Scheiben zerteilte, fragte er: »Womit verdient der Herr Trompeter seine Brötchen?«

»Er ist Frührentner und den ganzen Tag zu Hause. Aber eines muß ich sagen, seitdem er Rentner ist, war er nie wieder krank. Und Trompete bläst er im Musikverein ›Opus 1‹. Wenn er nur nicht so laut blasen würde . . .«

»Und was ist mit den anderen?«

»Ja, daß sich die Hellers so komisch verhalten könnten, hätte ich nie gedacht. Vor vierzehn Tagen haben sie aus ihrer Wohnung einen Schrank in den Keller geschafft. Leider stellten sie ihn so ungünstig, daß das ganze Fenster verdeckt wurde. Sie müssen wissen, daß wir unser Licht beide von diesem einen Fenster beziehen. Ich bat Herrn Heller den Schrank . . .«

»Fertig!!« rief Balduin Pfiff und schob geschnittene Möhren samt Petersilie in den dampfenden Topf und zog ihn von der heißen Platte. »Hehehehe«, lachte er dann, zwinkerte Frau Albrecht zu und fuhr fort: »Sie baten Herrn Heller, den Schrank wieder vom Fenster wegzurücken und er sagte ›Nein‹. Daraufhin wandten Sie sich an den Hausbesitzer oder die Hausverwaltung, und diese sagte zu Herrn Heller: ›Herr Heller, der Schrank muß weg, damit Frau Albrecht auch was sieht.‹ Herr Heller rückte den Schrank also

woanders hin und sprach fortan mit Ihnen nicht mal mehr ein Komma, stimmt's?«
Die kleine Frau starrte Balduin Pfiff sprachlos an. In ihren Augen standen Staunen ebenso wie Mißtrauen und Unglaube. »Woher wissen Sie das?« brachte sie endlich über die Lippen.
Balduin Pfiff ließ fröhlich lachend seine Schürze im Schrank verschwinden und tippte sich gegen die Brust. »Haben Sie vergessen, daß der Koch in Wirklichkeit ein Detektiv ist? Was sage ich, ein Meisterdetektiv!«
»Aber trotzdem, so was kann man doch nicht wissen.«
»Wissen nicht, aber zu fünfzig Prozent erahnen, und zu fünfzig Prozent kombinieren.«
Die Besucherin schüttelte den Kopf. »Nicht möglich«, sagte sie leise. Und weil der Detektiv mit der Kocherei fertig zu sein schien, erhob auch sie sich. »Glauben Sie, daß Sie mir helfen können, Herr Pfiff?«
Balduin Pfiff sah nach unten, wo jetzt Pinsel auftauchte. »Was meinst du, Pinsel, können wir Frau Albrecht helfen?«
»Wau-Wau!!« machte Pinsel und schielte in die Richtung, wo noch immer die Würstchen lagen.
»Er sagt ›Ja‹! Und was wollen Sie tun, wenn Sie wissen, wer aus Ihrem Balkon einen Schlachthof gemacht hat?«
»Darüber muß ich noch nachdenken ...«
»Also«, Balduin Pfiff klatschte in die Hände, »dann lade ich Sie jetzt zu einem Teller Kutscherglück ein. Danach gehen Sie nach Hause, und heute abend statte ich Ihren netten Nachbarn einen Besuch ab.«

Herr Korbmann glich eigentlich eher dem Mittelstürmer einer Altherrenmannschaft, als einem trompetenden Frührentner. Er schien eine Menge überschüssiger Kraft zu besitzen, denn so, wie er die Tür öffnete, sah es aus, als wolle er den oder die Draußenstehenden per Sog in die Wohnung ziehen.
Balduin Pfiff tippte sich freundlich an die Mütze und ebenso freundlich sagte er: »Mein Name ist Pfiff wie Pfeife. Habe

ich das Vergnügen, dem ehrenwerten Herrn Korbmann gegenüberzustehen?«
Der Trompeter schien um diese Zeit nicht allzuviel Humor zu haben. Mürrisch und übellaunig fragte er seinerseits: »Sie sind wohl vom Varieté, was? Oder haben Sie so viel Mut, daß Sie glauben, Sie könnten mir jetzt noch was andrehen?«
Balduin Pfiff legte den Finger über die Lippen und machte »Pssst!«
Unwillkürlich senkte Herr Korbmann die Stimme: »Was ist los???«
»Was ich Ihnen andrehen will, kostet Sie keinen Pfennig.«
»Ach ...«
»Ein Geheimnis!«
»Lustig. Ich könnt mich ausschütten vor Lachen.«
»Für Sie und mich ist es vielleicht lustig, aber nicht für Frau Albrecht!«
Eine steile Falte wuchs zwischen den Trompeteraugen. »Was hat Frau Albrecht mit Ihrem Geheimnis zu tun?«
»Alles! Sie möchte nämlich gern das Geheimnis enträtseln, wer ihr mit roter Tinte gefüllte Eier auf den Balkon geworfen hat.«
In Korbmanns Augen blitzte es böse auf. »Was haben Sie damit zu tun?«
»Nachdem sie nicht weiter weiß, hat sie mich beauftragt, das Geheimnis zu lösen. Und deshalb stehe ich hier und frage Sie, ob Sie vielleicht etwas wissen.«
»Stehen Sie meinetwegen hier, bis sie schwarz werden. Ich rede nicht mit Frau Albrecht, warum sollte ich ihr dann Eier auf den Balkon werfen. Außerdem besitze ich keine rote Tinte, bin ja kein Lehrer, was?!«
Die Tür knallte zu, und irgendwo bröselte der Putz.
»So ein unfreundlicher Trompeter«, murmelte Balduin Pfiff.

Zuerst blickte der kleine runde Detektiv in ein paar Kinderaugen, die ihm neugierig entgegensahen. Doch noch bevor er fragen konnte, ob vielleicht noch etwas Größeres in der

Wohnung wäre, verschwand das Kindergesicht hinter ein paar dunkelgrauen Hosenbeinen und Balduin Pfiffs Augen begannen zu wandern. Immer höher und höher. Herr Heller war mindestens vier Meter hoch, naja, vielleicht nicht ganz, aber gute zwei Meter waren es auf alle Fälle.
»Jaaaa??« fragte dieser, und es klang, als käme es aus einer Berghöhle.
»Wenn ich dem einen Kinnhaken geben will, muß ich 'ne Leiter mitbringen!« dachte Balduin. »Herr Heller??«
»Ja!!! Was kann ich für Sie tun?«
»Mein Name ist Pfiff, ich bin Detektiv und untersuche das fröhliche Eierwerfen auf Frau Albrechts Balkon.«
»Oooooh ...« Herr Heller beugte sich vor und dreht den Kopf leicht zur Seite, als habe er sich verhört. »Eierwerfen? Welches Eierwerfen??«
»Ein unfreundlicher Zeitgenosse wirft ihr tintengefüllte Eier auf den Balkon.«
Der Riese musterte den knappgewachsenen Detektiv, als habe dieser behauptet, in Wirklichkeit das Sandmännchen zu sein. »Das ist ja wohl ein Witz, Herr ...«
»Pfiff!«
»Meinetwegen. Ein schlechter Witz.«
»Was ist ein Witz, Papa?« piepste eine Stimme im Hintergrund.
Balduin Pfiff schwenkte freundlich, aber bestimmt sein Haupt. »Ernster kann es gar nicht sein. Und da aus technischen Gründen die Abwurfbasis nur beim linken oder rechten Nachbarn zu suchen ist, bin ich hier und erlaube mir, ein paar freundliche Fragen zu stellen, hehehehe.«
Der Riese schien echt erschrocken zu sein. »Um Gottes willen, Sie glauben ... ich meine, Frau Albrecht glaubt doch nicht, daß wir ...« Herr Heller verschluckte den Rest, machte dafür eine einladende Handbewegung und seine Stimme klang sehr ernsthaft: »Bitte, treten Sie ein, Herr Pfiff. Wenn Sie in der ganzen Wohnung auch nur einen einzigen Tropfen rote Tinte finden, will ich sonstwie heißen.«
»Ich kannte mal einen Balthasar Sonstwie, das war vielleicht ein Schlitzohr«, lachte Balduin Pfiff.

Und natürlich suchte er keine Tinte in der Wohnung der Hellers, denn dazu fehlte ihm die Amtsgewalt. Aber er stellte noch sieben Fragen, drei davon betrafen Herrn Korbmann.

Frau Albrecht erwartete Balduin Pfiff bereits ungeduldig. Die Aufregung hatte ihren Wangen rote Flecke beschert. Mit belegter Stimme fragte sie: »Haben Sie Erfolg gehabt?«
»Zweifeln Sie etwa daran?« Vorwurfsvoll schüttelte der kleine Detektiv den Kopf. »Ts-ts-ts-ts ...« machte er. Sein dicker Daumen zeigte über die rechte Schulter. »Der war es!«
Frau Albrecht folgte der Richtung, und sie schluckte. »Der war es wirklich?«
»Ja, der war es wirklich!« Balduin blinzelte. »Wenn Sie mir jetzt die versprochene eisgekühlte Buttermilch servieren würden, wäre ich Ihnen dankbar ...«

Wer war der Eierwerfer? Herr Korbmann oder Herr Heller?

Nachtrag

Zwei Tage nach diesem Abend rief Lina Albrecht Balduin Pfiff an. Zuerst berichtete sie glücklich und erleichtert, daß sie sich mit ihren Nachbarn ausgesprochen hätte, und daß nun, Gott sei Dank, alles wieder in Ordnung sei. Und dann sagte sie: »Aber eines haben Sie vergessen, Herr Pfiff!«
»Ich? Ich vergesse nie was. Und wenn doch, dann höchstens das, daß ich ab und zu doch mal was vergesse, hehehehe. Was ist mir denn entrutscht?«
»Sie haben vergessen, mir die Geschichte und das Rezept vom Kutscherglück zu verraten.«
»Heiliges Kanonenröhrchen, Sie haben recht. Hm, wenn Sie drei Minuten Zeit haben ...«

»Habe ich!«

». . . holen wir das auf der Stelle nach. Ich gehe schnell die Backröhre ausschalten, und Sie holen sich was zum Schreiben, einverstanden?«

»Einverstanden!« freute sich Frau Albrecht. Eine Minute später waren beide wieder am Telefon.

»Also, dann lassen Sie sich mal an die Gestade einer mit Kutscherglück gefüllten Suppenterrine führen.«

»Ich bin ganz Ohr!«

»Zuerst die kleine Geschichte, denn wenn ich von Kutscherglück spreche, muß ich auch von Gretchen Kufinke reden. Sie war die Frau des Gefängnisdirektors Ernst Gottlieb Kufinke und ein stets fröhliches, bei allen beliebtes Pummelchen von kugelrundem Format. Hehehehe, fast so wie ich. Gretchen Kufinke hatte es sich zur Gewohnheit werden lassen, jede Entlassung eines Gefangenen mit einem üppigen Fleischeintopf zu feiern, bei dem auch die übrigen Zelleninsassen ihren Teil abbekamen. Und weil das Etablissement in der Kleinstadt, in der sie lebten, in der Regel ausgebucht war, handelte es sich dabei um sechzehn Mitesser.

In jenen letzten Januartagen nun wurde der spitzmausgesichtige Willy entlassen und von seinem Bruder, dem noch viel größerem Gauner ›Arno, dem Zieher‹ in Empfang genommen. Arno konnte seine Finger dreimal so schnell in die Taschen fremder Anzüge schieben, wie die Besitzer selbst. Und weil nun mal üblich war, daß auch die Abholer mitaßen, nahm auch Arno am Abschiedsessen teil. Ja, mehr noch: Bevor er selbst mit dem harmlosesten Teddygesicht zu schmatzen begann, half er sogar, das Kutscherglück in die Zellen zu tragen. Schließlich war er ja ein hilfsbereiter Typ.

Hehehehe, von diesem Augenblick an hieß das Kutscherglück bei den Gefangenen ›Sägesuppe‹. Hatte Arno doch dem Einbrecher Otto Kleinschmidt, eine Eisensäge auf den Suppenteller geschmuggelt . . .«

»Das ist ja furchtbar«, murmelte Frau Albrecht. Geschichten mit und über Spitzbuben verursachten ihr immer eine schreckliche Gänsehaut.

»Halb so schlimm«, klärte sie Balduin Pfiff auf. »Drei Tage später hatte man ihn schon wieder erwischt. Übrigens, richtig erfunden hat das Kutscherglück Daniel Obilinsky, ein niederschlesischer Oberkutscher. Doch nun zu dem, was Sie dazu brauchen. Fertig?«
»Kann losgehen . . .!«
»Das wären zunächst mal ein Pfund Rindfleisch zum Kochen, zweieinhalb Pfund Kartoffeln, eine dicke Stange Lauch, fünf große Möhren, Petersilienwurzel, ein Stück Sellerie, zwei Zwiebeln, Pfeffer, Salz und viel, viel frische Petersilie.«
». . . Petersilie! Ich hab's!«
»Rindfleisch, Lauch, Möhren, Petersilienwurzel, Sellerie und Zwiebel werden in zwei Liter Wasser, zusammen mit Salz und geschrotetem Pfeffer, fünfundsiebzig Minuten lang gekocht!«
». . . gekocht!«
»Während das Zeug kocht, schälen Sie die Karoffeln, schneiden sie in Größe eines normalen Spielwürfels und hacken die Petersilie.«
»Ja . . .«
»Nach fünfundsiebzig Kochminuten nehmen Sie das Fleisch und die Möhren aus der Brühe und schmeißen dafür die Karoffeln hinein. Das Fleisch wird ebenfalls in kleine Würfel geschnitten und die Möhren in dünne Scheiben. Nachdem das vor Ihnen liegt, warten Sie noch ein bißchen, etwa zehn Minuten, und geben Fleisch und Möhren ebenfalls in den Topf zurück. Nach weiteren zehn Minuten zack-zack-zack, den Topf runter von der Platte, die Petersilie hinein und gut durchgerührt. Drei Minuten ziehen lassen, und fertig ist das Kutscherglück . . . Na ja, wie es schmeckt, das wissen Sie ja!«
»Ja, das weiß ich . . . Nächste Woche werde ich es ausprobieren, da kommen meine beiden Neffen zu Besuch.«
»Fein, wo es für drei reicht, kann auch noch ein Vierter kosten, hehehehe! Bis nächste Woche also, Frau Albrecht. Noch ein Tip: Lassen Sie sich Ochsenfleisch geben, das eignet sich besonders gut für unser Kutscherglück!«

Die Schatzgräber

Jochen Zimpels Lebensalter belief sich bis zu jenem bewußten Ereignis auf 21 Jahre, sieben Monate, zwei Wochen, einen Tag und neun Stunden. Jochen hatte den Versuch, ein Einzelhandelskaufmann zu werden, aufgegeben und war ins Brauereigewerbe umgestiegen. Präziser: Er fuhr Bier aus.
Aber auch hierbei war er von »Zufriedenheit« meilenweit entfernt, und manchmal entdeckte er sich sogar dabei, wie er mit einer gewissen Sehnsucht an die Zeit bei Schrapp & Wurzel, jener angesehenen Textilfirma, zurückdachte.
Alles in allem fand er, daß der Weg, auf dem er langlebte, nicht ins Land des Reichtums führte.
Und wie viele vor ihm beging er einen Denkfehler . . .

Der andere beging *nur* einen Fehler, und das lag in erster Linie daran, daß er mit der Denkerei ein bißchen auf dem Kriegsfuß stand.
Damit soll ihm jedoch diese Fähigkeit nicht in Bausch und Bogen abgesprochen werden; vielleicht lag es an seiner Trägheit, an seiner Bequemlichkeit.
Mecki war einfach zu faul zum Denken.
Natürlich hieß Mecki nicht einfach Mecki. Daß man ihn so rief, verdankte er seinem, wie er sich ausdrückte, saudoofen Familiennamen. Stand doch in seinem Ausweis Manfred Paulus Meckstreck.
Meckis Geburtstag lag fast auf den Tag genau 20 Jahre zurück. Mecki war nicht sonderlich groß, nur 1,68 Meter, dafür besaß er wunderschöne, große blaue Augen und zwei Musterexemplare von abstehenden Ohren.
Mecki war nicht einen Tag länger, als das Gesetz es vorschrieb, zur Schule gegangen und hatte anschließend mit Geschick bewiesen, daß er zu nichts Geschick besaß. Sein

erster Lehrherr ärgerte sich ein Geschwür in den Magen, der zweite bedrohte ihn mit einem Schraubenschlüssel, und der dritte behauptete schlicht und ohne Pathos, daß Mecki höchstens zum Stapeln von Briketts geeignet sei. Für Mecki kein Grund zum Widerspruch.
Er schnürte sein Ränzlein und begann seine Karriere als Hilfsarbeiter.
Und hierbei lernte er Jochen Zimpel kennen. Das war, als er ohne jeglichen Eifer Leergut von dem Bierwagen lud, in dem Zimpel als Beifahrer fuhr...
Damit waren die Weichen gestellt: Auch Manfred Paulus Meckstreck steuerte in gerader Linie auf jenes bewußte Ereignis zu.

Es war Freitag, der 17. Oktober 1975.
Es *war* der Tag jenes Ereignisses!
Gegen 22 Uhr 45 passierte ein hellblauer VW die Höhe von Beklum.
Am Steuer des gestohlenen Wagens saß Mecki, neben ihm Jochen. Beide pafften nervös eine Zigarette nach der anderen. Angestrengt starrten sie dabei in das Dunkel des späten Abends, und immer, wenn ihnen ein Fahrzeug entgegenkam, zogen sie die Köpfe ein. So, als befürchteten sie, von den Insassen der vorbeiflitzenden PKW erkannt zu werden.
Plötzlich beugte sich Jochen vor und schaltete das Radio aus. Mecki nahm die Zigarette aus dem Mund, warf einen raschen Blick nach rechts und maulte: »Was iss'n los? Warum machste denn die Musik aus?«
»Macht mich nervös, ich muß denken!«
»Denken??«
»Ja, denken, Mecki. Schließlich begeht man nicht jeden Tag einen Einbruch. Und ich denke schon die ganze Zeit darüber nach, was ist, wenn sich dein früherer Kumpel Peter geirrt hat.« Jochen boxte Mecki leicht in die Seite. »Fahr langsamer, es muß gleich rechts abgehen.«
»Weiß ich selbst!« gab Mecki zurück und ging dabei auto-

matisch vom Gaspedal, während Jochen den Faden weiterspann. »Er kann sich zum Beispiel dabei geirrt haben, daß der alte Mann allein im Haus ist.«
»Quatsch, Mensch«, widersprach Mecki. »Wenn der Peter sagt, daß der Professor mit seiner Familie verreist ist, dann isser verreist. Und was der sagt über die Räume und Türen, da kann der sich ja gar nicht irren, wenn er ein halbes Jahr Gärtner dort war.«
»Trotzdem ... Eins will mir nicht in den Kopf rein: daß der Professor verreist und zum Schutz einer so kostbaren Goldmünzensammlung nur einen pensionierten Schauspieler zurückläßt.«
»Der denkt eben, daß das Zeug in dem Dingsda, in dem ... Na, wie heißt das gleich, der Tresor?«
»Safe!«
»Ja, in dem Safe sicher ist ...«
Jochen deutete nach vorn. »Das Schild! Gleich kommt die Abzweigung.«
Mecki schaltete herunter und bog in die schmale Abzweigung ein. Doch schon nach wenigen hundert Metern trat er voll auf die Bremse und hielt.
»Was soll das?« rief Jochen Zimpel erschrocken.
Mecki schlug mit der Hand auf das Lenkrad und fragte: »Was machen wir, wenn's klingelt?«
»Wenn was klingelt?«
»Na, das Telefon. Wenn wir gerade dabei sind, das Dingsda aus der Wand zu hauen, klingelt das Telefon. Es könnte doch sein, daß der Professor den alten Bäumchen anrufen will!«
Jochen erkannte sofort, daß Meckis Frage gar nicht so ohne war. »Hm ...«, machte er, und dann: »Scheißproblem. Daran habe ich noch gar nicht gedacht ...«
Mecki schlug erneut aufs Lenkrad.
»Ich hab's. Wir reißen das Telefon *sofort* aus der Dose!«
»Genau das dürfen wir nicht!«
»Und warum nicht?«
»Nimm einmal an, der Professor würde wirklich den Alten anrufen wollen, und die Leitung wäre dann tot oder stän-

dig besetzt. Mensch, da würde der sich doch was denken.«
»Was?«
»Na, irgendwas. Du stellst vielleicht blöde Fragen ... Nein, wir lassen es einfach klingeln. Da denkt er vielleicht, daß dieser Bäumchen einen Spaziergang macht oder auf dem Klo sitzt.«
»Und wenn er nach einer halben Stunde wieder anruft? In der Nacht sitzt doch keiner eine halbe Stunde lang auf dem Klo ...«
Jochen Zimpel glaubte, endgültig die richtige Version gefunden zu haben: »Alles falsch! Wir werden den Alten zwingen, das Telefon abzunehmen und zu sagen, daß alles in Ordnung ist!«
»Gute Idee!« stimmte Mecki zu und beschloß, über diese Frage nicht mehr nachzudenken. Er wollte schon wieder den Gang einlegen, als sein Komplize fortfuhr: »Gehen wir unseren Plan noch einmal durch. Besser ist besser, Mecki! Ich steige also hundert Meter vor dem Haus aus. Du wartest fünf Minuten und fährst dann direkt vors Haus, drehst die Scheibe runter und das Radio auf volle Pulle. Sobald der Alte seine Rübe aus dem Fenster streckt, drückst du einmal kurz auf die Hupe. Das ist für mich das Zeichen, die rückwärtige Tür aufzubrechen und den Alten zu überraschen. Du bleibst mit Musik und laufendem Motor so lange vor dem Haus stehen, bis ich dir vom Fenster aus ein Zeichen gebe. Dann ...«
Mecki winkte ärgerlich ab. »Kenn ich schon auswendig. Dann fahre ich in den Hof und komme mit den Klamotten ins Haus. Das haben wir doch schon zwanzigmal durchgekaut.«
»Dann also los jetzt. Bis zu dem Haus kann es höchstens noch ein Kilometer sein. Hoffentlich stimmt das auch, daß das nächste Haus fünfhundert Meter weit weg ist.«
»Wenn's der Peter doch gesagt hat ...«

Wer Ewald Bäumchen zum erstenmal begegnete oder ihn nicht näher kannte, würde ihn höchstens auf fünfzig Jahre

schätzen. Dabei hatte er seit zwei Monaten bereits die Einundsechzig passiert.
Jetzt lag Ewald Bäumchen auf der Couch und genoß mit sichtbarem Wohlbehagen diese späte Stunde.
Er schmauchte ein Pfeifchen, nippte hin und wieder an einem Glas, gefüllt mit süffigem Mosel, und lauschte genüßlich und zufrieden dem »Radio-Nachtkonzert«, das heute Werke von Tschaikowsky ausstrahlte. Ganz nebenbei warf er einen Blick auf die Uhr über der Anrichte. Noch vier Minuten bis 23 Uhr . . . Doch dann stutzte er, sah mißmutig auf das Radiogerät, da war doch . . . Aber nein, das kam ja nicht aus dem Radio, das kam von der Straße. Laute, lärmende Beatmusik.
»Armer Tschaikowsky«, murmelte Herr Bäumchen und erhob sich langsam. Er schaltete den Apparat aus, ging zum Fenster und öffnete es. Im schwachen Licht erkannte er einen VW vor dem Haus, ein heruntergedrehtes Fenster und einen Kopf, der im Rhythmus der Musik wie aufgezogen nickte.
»He, Sie da!!« rief Herr Bäumchen, so laut er konnte.
Der Kopf wandte sich ihm zu, ein Hupton erklang, und der Kopf schob sich aus dem Fenster.
»Iss was?« brüllte eine Stimme.
»Prima Musik! Welcher Sender?« brüllte Ewald Bäumchen zurück und schnitt eine schmerzerfüllte Grimasse.
»Versteh kein Wort, die Musik ist so laut!«
Herr Bäumchen formte mit seinen Händen einen Trichter. »Hier ist Lärm-schutz-gebiet!!«
Eine Hand winkte herauf. »Das ist Beat! Dufte Beatmusik!«
Bäumchen: »Vielleicht geht's noch ein bißchen lauter!?«
»Geht nicht!«
»Schade!«
»Warum schade?«
Ewald Bäumchen zeigte mit dem Daumen hinter sich. »Ich habe einen schwerhörigen Schimpansen, der ist ganz verrückt nach Beat!« Er knallte das Fenster zu, murmelte ein »Unverschämter Trottel!«, wandte sich um und — erstarrte mitten in der Bewegung. Einige Sekunden lang empfand er

nackte Furcht beim Anblick des jungen Mannes mit dem gespannten Gesichtsausdruck und der auf ihn gerichteten Pistole.
»Wer ist ein unverschämter Trottel, Opa?« fragte eine junge, etwas belegt klingende Stimme.
Ewald Bäumchen atmete tief durch, dann stellte er fest: »Du lieber Himmel, jetzt bin ich aber wirklich echt erschrocken.« Er wollte einen Schritt nach vorn machen ...
»Stopp!!«
»Was soll das?« fragte Bäumchen und tat überrascht.
»Na los schon, Opa, stell dich nicht so an. Streck die Pfötchen schön in die Höhe, sonst macht es piff-paff-puff, und du bist ein mausetoter Opa!«
Die Überraschung auf Bäumchens Gesicht ging über in Erstaunen, und dieses wiederum verwandelte sich in Zorn. Seine Stimme klang plötzlich laut und wütend: »Hör mal zu, du kleiner Stinker, wenn du noch einmal ›du‹ oder ›Opa‹ zu mir sagst, breche ich dich in der Mitte durch, verstanden?!!«
»Stehenbleiben oder ich drücke ab ...!« rief Jochen Zimpel beunruhigt.
Ewald Bäumchen schüttelte den Kopf. Jetzt klang seine Stimme fast mitleidig: »Ich glaube wirklich, daß du lebensmüde bist. Kommt dieser Babystinker hierher und hält mir sein Blasrohr unter die Nase ...« Ihm schien ein Verdacht zu kommen. »Kleiner, hast du überhaupt eine Ahnung, wer ich bin?«
Zimpel, dem kein Muskelzucken im Gesicht des Mannes vor ihm entging, reagierte sofort. Mit Panik in der Stimme drohte er: »Halt, oder ich muß schießen!«
Ewald Bäumchen, noch einen Meter von seinem ungebetenen Gast entfernt, blieb stehen. Er starrte diesen an, und wieder begann sich seine Miene merkwürdig zu verändern. Aus dem Erschrecken wurde Nachdenken, aus dem Nachdenken ein Grübeln und aus diesem schließlich vermeintliches Wissen. Seine Augen begannen zu strahlen, und sein Mund verzog sich zu einem breiten Grinsen. Von einem glücklichen Grunzlaut begleitet, schlug seine Hand gegen

die Stirn. »Mann, was bin ich für ein Hansel. Der General hat dich geschickt . . .«
»General? Was für ein General?« Jochen Zimpel verspürte mit einem Mal ein ungutes Gefühl. Irgendwo hatte der sauber ausgeklügelte Plan eine Knitterfalte.
»Frag nicht so albern«, hörte er den Alten fauchen, »du weißt doch genau, daß ich Otto Petersen meine.« Doch schon wieder war jenes glückliche Glimmen in Bäumchens Augen. »Klar, der ist ja seit einer Woche wieder aus dem Knast . . .« Er nickte und rieb sich die Hände. »Das finde ich nett, daß er gleich an mich gedacht hat.«
Und dann schien Herrn Bäumchen noch eine Idee zu kommen. »He, Kleiner, sag die Wahrheit, hast du meinen Freund Otto vielleicht mitgebracht? Steht dieser alte Gauner gar hinter der Tür und lacht sich ins Fäustchen? Na warte, Otto . . .«
Es ging alles so übergangslos und kam so überraschend, daß Zimpel nur noch Zeit blieb, »Au!!!« zu schreien. Ewald Bäumchen hatte ihm die beiden ausgestreckten Finger der linken Hand blitzschnell in die Magengrube gestoßen und gleichzeitig mit der rechten die Waffe aus der Faust gerissen.
Jetzt stand der alte Mann mit eisiger Miene vor dem jungen und sagte kalt: »Das war Jiu-Jitsu! Aber davon hat der kleine Stinker, der ein Stümper ist, natürlich keine Ahnung. Na, los schon, Jüngelchen, streck die Pfötchen mal schön in die Höhe, sonst macht es piff-paff-puff, und du bist ein mausetoter Stümper!«
Da Jochen Zimpel wußte, daß die Pistole geladen war, kam er der Aufforderung ohne Verzug nach. »Bitte vorsichtig«, bat er mit angstvollem Blick, »die ist wirklich geladen.«
»Wie ich, Jüngelchen. Jetzt hast du wohl die Hose voll, was?« meinte Ewald Bäumchen hohnvoll. »Der wievielte Überfall ist das denn?«
Jochen Zimpel schluckte, und es rutschte sichtlich schwer hinunter. »Der erste, Ehrenwort!«
Bäumchen schüttelte ungläubig den Kopf. »Und dazu sucht ihr euch ausgerechnet ›Walli, den Bohrer‹ aus?«

Zimpel blickte drein wie einer, der zum erstenmal unter dem Schiefen Turm von Pisa stand und nicht genau wußte, ob der Turm stehenblieb oder fallen würde. »Wer ist das, ›Walli, der Bohrer‹?«
Herr Bäumchen tippte sich mit dem Lauf der Pistole kurz gegen die Brust. »Na, wer schon, ich natürlich!«
»Aber ich denke, Sie sind Herr Bäumchen?«
Ewald Bäumchen zwinkerte mit dem linken Auge. »Das bin ich jetzt ...« Das klang durchaus freundlich, und Jochen Zimpel schöpfte Hoffnung, doch schon änderte sich die Stimme seines Bezwingers wieder, klang kalt und gefährlich: »Aber reden wir nicht von mir. Los, wie sollte der Film weiterlaufen?«
Zimpel schwieg. Hundert Gedanken wirbelten durch seinen Kopf. Aber ihm blieb nicht viel Zeit zum Überlegen. Der Lauf der Waffe deutete auf seine Füße, und der Mann, der sie hielt, sagte: »Rede, oder ich schieße dir ein kreisrundes Loch in die große Zehe!«
»Halt, was meinen Sie mit Film?«
»Ich meine den Musikfan da unten. Auf was wartet der?«
»Auf ein Zeichen von mir«, gab Zimpel ängstlich zu.
»Wenn ich Sie in meiner Gewalt habe, sollte ich ihm vom Fenster aus ein Zeichen geben.«
»Also los, Jüngelchen, gib ihm das Zeichen. Aber bei einem Zeichen zuviel macht's bumm!«
Der verhinderte Einzelhandelskaufmann schlich mit gesenktem Kopf zum Fenster. Fast schmerzhaft spürte er das Laufende der Pistole an der Stelle, auf der er üblicherweise saß. Er öffnete den Fensterflügel und winkte seinem wartenden Kumpan zu.
»So, und nun schließ das Fenster wieder, und mach es dir bequem. Setz dich auf die Couch!«
Zimpel tat, wie ihm befohlen. Und dann lauschten sie beide den Geräuschen nach, die von draußen zu ihnen drangen. Zimpel beklommen, Herr Bäumchen, alias »Walli, der Bohrer«, mit sichtlichem Vergnügen.
Sie hörten, wie der VW zurückgesetzt wurde und in der Hofeinfahrt verschwand. Ungefähr zwei Minuten dauerte es,

bis eine Tür zufiel und polternde Schritte die Stufen zum Obergeschoß hochstampften.
»Wo steckst du, Jochen?« drang es von außen zu ihnen.
Herr Bäumchen ging zur Tür und öffnete sie, ohne sich selbst sehen zu lassen.
Schwerbepackt und schnaufend trat Mecki herein. Noch schien es ihm scheinbar völlig normal, daß sein Komplize bewegungslos auf der Couch saß und ihm entgegenstarrte.
»Mensch«, schimpfte er schweratmend, »das hat ja eine Ewigkeit gedauert. Hat der alte Esel vielleicht ...« Er verstummte. Verdutzt folgten seine Blicke denen Zimpels.
Herr Bäumchen gab der Tür einen so kräftigen Tritt, daß sie krachend ins Schloß fiel. Er nickte Mecki zu und sagte: »Du bist also der zweite Stinker. Wie kann man mit solchen Ohren nur so schwerhörig sein? Stell deine Spielsachen schön ab, und setz dich neben deinen Freund! Aber ein bißchen rasch!!«
Obwohl Mecki die Welt nicht mehr verstand, kam er der Aufforderung unverzüglich nach. Während er Spitzhacken, Vorschlaghammer, Stemmeisen und Bohrer auf den Fußboden fallen ließ, zischte ihm Zimpel wütend zu: »Er ist ein Profi, Mecki ... Ein Scheißkumpel, dein Peter!«
Mecki taumelte auf die Couch zu und ließ sich, noch immer voller Verständnislosigkeit, neben seinem Partner neider. Herr Bäumchen zog sich einen Stuhl heran, setzte sich und zielte mit der erbeuteten Waffe spielerisch zuerst auf Zimpel und dann auf Meckstreck.
»Also, was wollt ihr hier? Was sollen die Hacken, Hämmer und Bohrer? Auf was habt ihr es abgesehen?«
»Wir sagen nichts!« Mecki versuchte es mit Trotz. Jochen stieß ihn in die Seite. »Er ist ein Profi, Mecki!« flüsterte er.
Herr Bäumchen nickte. »Ganz recht, ich bin ein Profi! Zur Zeit außer Dienst, aber das gilt nur für bestimmte Leute. Und nun raus mit der Sprache, ihr Stinker!«
»Wir wollten den Safe aus der Wand holen!« gab Jochen widerstrebend zu.
»Safe? Aber wozu, zum Teufel??«
»Wegen der Goldmünzensammlung!«

Herr Bäumchen streckte überrascht den Kopf vor und machte einen langen Hals, als habe er sich verhört. Dann aber begann er zu lachen.
»Hahahaha ... hahahaha«, lachte er, »Mensch, seid ihr köstlich. Wer hat euch denn dieses Lied gezwitschert?«
»Wir haben den Tip von einem Betrunkenen!« rief Mecki rasch und mit Nachdruck.
»Verstehe, von einem Betrunkenen, der Peter heißt, was? Da gab es doch mal so ein Bürschlein hier im Haus, hieß Peter Machlowitz ...«
»Der war es nicht!« protestierte Mecki, doch es klang ziemlich matt.
»Was du nicht sagst, ein Witzchen für Doofe, was?« spöttelte Herr Bäumchen. »Dieser Betrunkene hat euch wohl auch erzählt, daß der Professor samt Familie verreist ist und daß das Haus nur von einem alten, vertrottelten Schauspieler geschützt wird, was?«
Die beiden nickten.
»Ihr habt Glück gehabt, ihr beiden Bettnässer. Ihr habt sogar verdammtes Glück gehabt, daß ihr an Walli, den Bohrer, geraten seid. Eine Stunde früher, und ihr wäret dem Professor samt Familie in die Hände gefallen.«
»Vor einer — einer Stunde?« fragte Mecki, und sein Kumpan giftete: »Ich sag's ja, einen feinen Kumpel hast du!«
Herr Bäumchen räkelte sich auf seinem Stuhl, und um seinen Mund spielte ein verschmitztes Lächeln. »Hört zu, ihr beiden Stinker, es gibt drei Möglichkeiten. Möglichkeit eins: Ich rufe die Polizei! Das hätte eine Menge für sich. Solche Stümper wie euch sollte man rechtzeitig aus dem Verkehr ziehen. Rechtzeitig bedeutet, daß man es tut, bevor ihr größeren Schaden anrichten könnt. Verdammt, das wäre wirklich eine gute Überlegung, was?«
Der Gedanke an die Polizei und die damit verbundenen Folgen ließ die beiden Jungganoven noch mehr erblassen.
»Aber wir haben Ihnen doch nichts getan ...« Jochen Zimpel versuchte es mit Treuherzigkeit, während Mecki, dabei über seine Hosentasche streichelnd, Herrn Bäumchen ein geschäftliches Angebot machte: »Ich hab siebzig Mark in der

Tasche. Wenn Sie uns laufenlassen, gebe ich sie Ihnen.«
Walli, der Bohrer, überhörte den Bestechungsversuch geflissentlich und fuhr ungerührt fort: »Möglichkeit zwei wäre, ich rufe Otto Petersen, den General, an. Otto ist seit dreißig Jahren mit mir befreundet und mir zu Dank verpflichtet. Wenn ich ihm sage, daß mich zwei grüne Jungs ›Opa‹ und ›alten Esel‹ genannt haben, schickt er mir postwendend die Roten Rächer. Schon mal was von den Roten Rächern gehört?«
Jochen und Mecki schüttelten wie auf Kommando die Köpfe. Ihr Unbehagen war nicht zu übersehen.
Herr Bäumchen schnalzte mit der Zunge, reckte seinen linken Arm kerzengerade hoch und klappte die Hand im rechten Winkel ab. »Das sind solche Kleiderschränke! Keiner unter zweieinhalb Zentner Gewicht. Wenn die euch in die Mache nehmen, bleiben nur noch ein paar Häute übrig.«
Mecki, in dessen Augen nackte Furcht stand, tastete jetzt zu der anderen Tasche. »Ich glaube, ich habe hier auch noch einen Fünfziger.«
»Dann rufen Sie doch lieber die Polizei!« sagte Jochen Zimpel, sich innerlich selbst mit Vorwürfen überschüttend.
»Hundertzwanzig bring ich zusammen!« wiederholte Mecki sein Angebot. Ihm schienen weder die Roten Rächer noch die Polizei diskutabel, solange die eventuelle Chance bestand, sich freizukaufen. Seine Hoffnung wurde jedoch abrupt zunichte gemacht.
»Hundertzwanzig Mark ... Sag mal, du Stinker, hältst du mich für einen Groschenkrämer, der mit vertrockneten Salatköpfen handelt? Wie heißt du überhaupt?«
»Mecki.«
»Mecki ist doch höchstens dein Spitzname. Was steht in deinem Ausweis?«
»Manfred Meckstreck ...« Mecki erwartete, daß Herr Bäumchen nun einen Witz über seinen Namen loslassen würde, doch Herrn Bäumchens Gedanken gingen in diesem Augenblick andere Wege. »Du solltest mal zu Doktor Rapinsky gehen, der bessert solche furchtbaren Horchgeräte ganz prima aus!« sagte er wohlwollend.

»Ich — ich weiß nicht, was Sie meinen!« Mecki wußte es wirklich nicht.
»Ich meine deine abstehenden Ohren. So was muß man doch reparieren lassen ... Ach was, was gehen mich deine Löffel an. Kommen wir zu den Tatsachen zurück. Möglichkeit eins also die Polizei, Möglichkeit zwei die Roten Rächer. Bliebe noch Nummer drei!«
Es ging wie ein Ruck durch die zwei auf der Couch. Neue Hoffnung belebte sie.
»Ich schlage euch ein Geschäft vor.«
»Ein Geschäft??« Sie sagten es zugleich, und es klang wie aus einem Mund.
»Ein richtiges Geschäft?« fragte Jochen noch einmal und konnte nicht verhindern, daß ein wenig Mißtrauen mitschwang.
»Ein richtiges Geschäft!« bestätigte Herr Bäumchen.
Jochen und Mecki sahen zuerst sich, dann Herrn Bäumchen an. Sie nickten. Und Mecki ließ sogar eine Spur neuen Mutes erkennen, als er sich erkundigte: »Ein Geschäft, bei dem man etwas verdienen kann?«
»Ich mache nur Geschäfte, die mir einen Vorteil bringen ... Also, ihr kleinen Stinker, entspannt euch, und hört mir zu. Walli, der Bohrer, wird euch jetzt eine kleine, aber höchst interessante und aufregende Geschichte erzählen.«
Die beiden verharrten in ihrer angespannten Haltung. Sie glaubten noch nicht an den Silberstreif am Horizont.
»Ihr sollt euch entspannen, habe ich gesagt, nun tut es gefälligst auch!« schnauzte Herr Bäumchen, steckte sich mit einem Grinsen die Pistole hinter den Hosenbund und kreuzte demonstrativ die Arme über der Brust. Erst jetzt atmeten seine ungebetenen Besucher auf und lehnten sich in leiser Zuversicht zurück.
Herr Bäumchen begann mit funkelnden Augen und bewegter Gestik seine aufregende Geschichte zu erzählen.
»Vor einem Dreivierteljahr kam ich zum erstenmal in dieses Haus. Sozusagen als Urlaubswache. Habe es gründlich auf den Kopf gestellt, das könnt ihr mir glauben. Damals hatte ich noch keine Ahnung von dem Goldschatz. Klar, ich hätte

eine Menge teures Zeug hier wegschleppen können, aber der ganz große Coup wäre es nicht gewesen. Am Tag der Rückkehr des Professors hörte ich zum erstenmal von den Goldmünzen. Könnt ihr euch vorstellen, wie ich mich geärgert habe, daß ich umsonst gesucht habe? Aber dann passierte etwas Unwahrscheinliches ...« Herr Bäumchen kicherte leise in sich hinein ... »Fragte mich der Professor doch tatsächlich, ob ich nicht als eine Art Hausmeister bei ihm bleiben wolle ...«

Herr Bäumchen sah die beiden jungen Männer auf der Couch, deren Blicke wie gebannt an seinen Lippen hingen, vielsagend an. »Ist doch klar, daß ich das Angebot angenommen habe. Dabei zahlt der Professor hundsmiserabel und ist geizig wie ein dänischer Eierhändler ... Ja, ihr kleinen Stinker, die Goldmünzen haben es in sich. Die bringen glatt eine Dreiviertelmillion!« Herr Bäumchen rollte mit den Augen.

Während Jochen der Atem in der Luftröhre hängenblieb, stammelte Mecki zuerst ehrfurchtsvoll: »Ei-ei-eine Dreiviertel mil-mil-million?« Anschließend röchelte er: »Ich werd verrückt. Mensch, Jochen, haste gehört?« Am liebsten hätte er noch gefragt, wie viele Nullen eine Dreiviertelmillion hat. Jochen Zimpel, den die Höhe der Summe regelrecht erschreckt hatte, flüsterte jetzt: »Ein Haufen Geld ...«

»Genau das habe ich auch gedacht, als ich das erste Mal davon gehört habe. Aber dann machte ich diesen ...« — Herr Bäumchen rieb sich die Hände — »... und sagte zu mir: Walli, hier bleibst du und bohrst! Ich war überzeugt, daß ich vor dem Geschäft meines Lebens stand. Ich hatte sogar schon einen Plan, wie ich das Zeug aus dem Safe holen würde. Aber dann ...« Ein bedauerndes Schulterzucken schloß sich dem Unausgesprochenen an.

»Aber dann?« fragte Mecki außer Atem. Und Jochen: »Aber was dann?«

»Dann machte mir der Professor einen Strich durch die Rechnung ... Es ist ungefähr drei Monate her. Ich befand mich unten im Geräteschuppen und bastelte an dem Rasenmäher herum, als der Professor mit seinem Sohn kam. Die beiden hatten keine Ahnung, daß ich im Schuppen war. Bei dem Wort Gold wurde ich mucksmäuschenstill und rührte mich nicht mehr. Ich glaube, ich habe sogar das Luftholen eingestellt. Und was sagte da der gelehrte Herr zu seinem Sohn Christian? ›Christian‹, sagte er, ›ich möchte die Goldmünzen aus dem Safe nehmen und zu den anderen im Erdtresor tun!‹«

Mecki riß die Augen auf. »Erdtresor, was ist denn das?«

»Na, ganz einfach, ein Tresor unter der Erde!« belehrte ihn sein Kumpan.

»Richtig!« Herr Bäumchen lächelte. »Und was sagte der Sohn, dieser hinterlistige Schurke? ›Okay, Pop‹ . . .« Diesmal verzog Herr Bäumchen seinen Mund zu einer höhnischen Grimasse. »Wenn einer schon zu seinem Papa ›Pop‹ sagt. Also, der Christian sagte: ›Okay, Pop, morgen nacht ist Vollmond, da erledigen wir das. Vergiß aber nicht, den alten Ewald wegzuschicken. Am besten wird es sein, wenn er für zwei Tage nach Schummelburg zu Tante Amalie fährt. Er soll ihr bei der Obsternte helfen.‹«

»Gemeinheit!« zischte Mecki und ballte die Fäuste.

»Zwei Stunden später sagte es mir der Professor.« In steifem Hochdeutsch imitierte Herr Bäumchen seinen Arbeitgeber: »Ewald, würde es Ihnen was ausmachen, morgen mittag für zwei Tage zu meiner Schwester zu fahren? Sie hat dringend zwei Hände bei der Obsternte nötig. Na, und wer könnte ihr da lieber sein als Sie . . .«

»Scheinheiliger Knilch!« ärgerte sich Mecki wieder laut.

»Und was haben Sie geantwortet?« wollte Jochen wissen.

»›Aber klar, Herr Professor‹, hat Walli, der Bohrer, gesagt, ›mache ich doch, ist doch selbstverständlich.‹ Am Nachmittag bin ich dann mit meinem Motorrad losgefahren. Aber nicht nach Schummelburg, sondern nach Klexen! War zweimal im Kino, und als es dunkel wurde, lag Walli, der Bohrer, unter dem großen Fliederbusch hinten im Garten. Fünf Minuten nach Mitternacht kamen sie aus dem Haus, gingen in den Geräteschuppen und holten zwei Spaten, Schaufeln und die Schubkarre. In einer ziemlichen Kreisfläche hoben sie die Grasnarbe fein säuberlich ab und schich-

teten die ausgestochenen Stücke wie Streuselkuchen übereinander. Die ausgegrabene Erde karrten sie zehn Meter weit weg auf einen Haufen.«
»Und wie tief gruben sie?« erkundigte sich Mecki, und seine Ohren begannen zu glühen.
»Ungefähr einen Meter. Dann hörte ich, wie sie auf Eisen trafen. Der Professor holte einen Besen und kehrte was ab . . .«
»Den Tresor natürlich!« vermutete Jochen, ebenfalls von der Aufregung angesteckt.
»Und der Sohn brachte aus dem Haus sieben dicke Beutel, die sie verschwinden ließen. Das alles dauerte zusammen ungefähr drei Stunden. Als sie wieder im Haus waren, machte ich mich auf den Weg nach Schummelburg. Hab der guten Frau erzählt, daß ich unterwegs drei Pannen zu beheben hatte . . . Ja, ihr kleinen Stinker, und jetzt stellt mir mal eine schlaue Frage.«
Bei Mecki reichte es nicht mal zu einem schlauen Gesicht.
Jochen rettete sich fürs erste in eine Wiederholung: »Wir sollen Ihnen eine schlaue Frage stellen?«
»Ganz recht!« Herr Bäumchen nickte.
»Und in welcher Richtung?«
»In Richtung des Erdtresors!!«
Jochen versuchte der schlauen Frage auf die Spur zu kommen, während ihn Mecki dabei gespannt beobachtete. Doch Bierfahrer Jochen mußte passen.
»Es hängt damit zusammen, wie wir an das Gold kommen!« sagte Herr Bäumchen, und da endlich fiel der Groschen.
»Wie kommen wir in den Erdtresor hinein? Hat er eine Kombination?«
Herr Bäumchen klatschte beifällig in die Hände. »Noch ist Hoffnung, mein Söhnchen. Genau das ist die richtige Frage. Und hier ist die Antwort: Der Erdtresor besitzt eine Zahlenkombination. Und der lausige Christian hat sie ganz laut vor sich her gesagt, als er sie einstellte. Walli, der Bohrer, hatte schon immer ein erstklassiges Gedächtnis, doch in diesem Fall hätte er sogar ein ganz mieses haben können. Es

ist die ulkigste Kombination, von der ich je Kenntnis erhalten habe, hehehe. Eins bis sieben in schöner fantasieloser Reihenfolge. Also gibt es für uns keinerlei Probleme.«
Für Jochen allerdings schien es eines zu geben. »Konnten Sie denn den Platz, wo der Tresor vergraben ist, genau erkennen?«
Herr Bäumchen schüttelte ärgerlich das Haupt. »Wenn ich euch schon an einem solch gewaltigen Geheimnis teilnehmen lasse, dann stellt mir gefälligst nicht so dämliche Fragen. Natürlich kann ich den Fleck nicht auf den Zentimeter genau wissen, trotzdem habe ich genügend Orientierungspunkte. Und hier ist mein Vorschlag: Ich mache euch die Markierung, ihr grabt das Loch, wir holen das Gold heraus, machen alles wieder zu und teilen durch drei! Ihr verschwindet und laßt euch niemals wieder sehen!«
»Und Sie?« fragte Jochen.
»Ich bleibe noch. Ich türme erst, wenn die das nächste Mal ans Graben gehen. Einverstanden?«
»Einverstanden!«
»Das Werkzeug könnt ihr bis nachher hier liegen lassen. Moment, ich hole nur die Taschenlampe . . .«
Eine Minute später war Ewald Bäumchen wieder zur Stelle, mit einer Stablampe in der Hand. Die Pistole dagegen hatte er unter seinen Kleiderschrank befördert.
»Gehen wir!« sagte er zu seinen neuen Geschäftspartnern. Aufgeregt folgten ihm diese, benommen von der Vorstellung, in wenigen Stunden einen Goldschatz erbeutet zu haben. Bäumchen dirigierte sie zum Geräteschuppen, ließ sie Spaten, Schaufeln und Schubkarre nehmen und führte sie in den rechten Teil des großen gepflegten Gartens. Mit einem Strick markierte er eine Kreisfläche von 4,20 Meter Durchmesser.
»So«, sagte er dann, »irgendwo darunter muß es. Wenn ihr die Grasnarbe abgehoben habt, schafft ihr die ausgehobene Erde dort drüben neben die Regentonne. Einen Meter tief und keinen unnötigen Lärm, wenn ich bitten darf. Denkt daran, was für uns auf dem Spiel steht!«
»Und was machen Sie« fragte Jochen leise.

»Ich gehe ins Haus. Der Professor will jeden Abend anrufen. Heute hat er noch nicht. Ich muß also am Telefon bleiben.«
»Und wenn er schon angerufen hat?« Mecki fiel die Unterhaltung ein, die er mit Jochen vor nicht allzulanger Zeit geführt hatte.
»Ich habe den Hörer abgenommen, bevor wir heruntergingen, hehehe ...«

Während nun die beiden Schatzgräber mit der Buddelei begannen, kehrte Ewald Bäumchen dorthin zurück, wo ihn der nicht erwartete Besuch überrascht hatte: auf die Couch. Er trank mit leichtem Widerwillen den inzwischen um einige Grade zu warm gewordenen Wein zu Ende und schmauchte danach noch ein Pfeifchen.
Ja, ja, die Goldmünzen, wer hätte das gedacht, daß er da noch einmal eine so große Rolle spielen würde.
Ab und zu erhob er sich und warf einen prüfenden Blick auf seine »Erdarbeiter«, die nicht nur wie wild schaufelten, sondern die auch ganz gut vorankamen.
Der Professor würde Augen machen ...
Na eben ...
Herr Bäumchen betrachtete nachdenklich das Telefon. Der Professor hatte ja noch immer nicht angerufen ...
Ein Sprichwort fiel ihm ein: »Morgenstund' hat Gold im Mund.« Wie wär's in diesem Fall mit: »Um Mitternacht ums Gold gebracht!«?
Ob er sich noch eine Flasche dieser Supersorte *Monzeler Kätzchen* aus dem Keller holen sollte?

0 Uhr 58.
Wachtmeister Steven vom Landespolizeiposten Kellmünster, gerade dabei, ein Gähnen zu unterdrücken, fuhr leicht zusammen, als das Telefon klingelte. Es schien also nichts, mit einer geruhsamen Nacht zu werden. Er meldete sich, lauschte 60 Sekunden lang mit zunehmendem Interesse in die

schwarze Muschel, nickte mehrere Male und sagte zum Schluß; »Vielen Dank, ich werde es sofort veranlassen!«
Fünf Atemzüge später hatte Steven bereits Verbindung zu Jens Jansen im Streifenwagen *Tiede II.*
Olaf Grömwold war am Apparat.
»Wo seid ihr im Augenblick, Olaf?«
»Auf der Klexener Landstraße!«
»Fahrt sofort nach Pintorf in den Heidemarschenweg 1. Das Grundstück gehört einem gewissen Professor Vondembrinck. Ich habe soeben Meldung erhalten, daß dort Unbekannte im Garten graben. Am besten, ihr steigt schon vorher aus!«
»Besteht die Gefahr, daß es sich um bewaffnete Täter handelt?«
Wachtmeister Steven gab alles durch, was ihm an Einzelheiten bekannt war.
»Alles klar, wir haben bereits gewendet. Fahren in Richtung Pintorf!«

1 Uhr 26.
Herr Bäumchen trat aus dem Haus, überquerte den Kiesweg und ging auf die Schatzgräber zu, die bereits bis zu den Oberschenkeln in dem ausgeschachteten Loch standen.
Beide atmeten schwer.
Im schwachen Mondlicht konnte Ewald Bäumchen den Schweiß auf ihren Gesichtern erkennen.
»Na, wie läuft's?« fragte er, und es klang gleichermaßen gespannt wie gemütlich.
»Ganz gut!« keuchte Mecki und fuhr sich über die Stirn.
»Schätze, daß ihr schon einen Dreiviertelmeter geschafft habt. Und so schön rund.«
»Wir haben uns genau an die Markierung gehalten!« bestätigte Jochen ebenso atemlos und fragte nach der Uhrzeit.
»Gleich halb zwei . . .«
»Meine Uhr ist stehengeblieben. Ein Dreiviertelmeter könnte es sein. Der Boden ist ziemlich fest.«
»Was du nicht sagst!« Walli, der Bohrer, wunderte sich.

Mecki deutete auf die Schubkarre und schlug vor: »Wenn Sie den Dreck wegfahren würden und wir nur noch zu schaufeln brauchten, ging's viel schneller.«
»Bist du verrückt«, entrüstete sich Herr Bäumchen, »in meinem Alter?« Und zur Verblüffung der beiden fügte er hinzu: »Wegen mir könnt ihr die Graberei auch sein lassen.«
»Ich hab's ja nicht ernst gemeint«, knurrte Mecki und wuchtete den Spaten in das Erdreich.
»Aber *ich* habe es ernst gemeint!« Herr Bäumchen strahlte abwärts in die Grube. »Das reicht!«
»Wieso denn?« Jochen Zimpel starrte verständnislos nach oben. »Wieso aufhören, wo doch noch nichts von dem Tresor zu sehen ist?«
»Tresor?« Herr Bäumchen wunderte sich in vollkommener Unschuld. »Von welchem Tresor??«
In Zimpels Kopf schnappte ein Relais. Wortlos ließ er die Schaufel fallen und setzte zu einem Satz nach oben an, als Mecki entsetzt rief: »Mensch, Jochen, Polizei!«
»Ich empfehle euch, keine hastigen Bewegungen zu machen!« rief Hauptwachtmeister Grömwold, der von links kam, während Wachtmeister Andresen von jenseits des Fliederstrauches auftauchte.
Meckstreck stand wie versteinert da, als er mit heiserer Stimme vermutete: »Einer hat uns verpfiffen!«
Jochen Zimpel fauchte ihn wütend an: »Du blöder, schlappohriger Idiot, hast du es noch nicht begriffen: Der Alte hat uns reingelegt!«
»Walli, der Boh-Boh-Bohrer??« Meckis Kinnlade klappte nach unten, und sein Atemholen erinnerte an das eines Fisches.
Verständnislos stierte er Ewald Bäumchen an, der dastand, als habe er soeben einen Preis verliehen bekommen.
»Er ist gar kein Profi«, tönte Jochen Zimpel mit sich überschlagender Stimme, »er ist wirklich nur ein Schauspieler!«
Ewald Bäumchen machte eine Verbeugung, als müsse er sich vor einem beifallspendenden Publikum bedanken. Und seine Stimme klang seltsam bewegt, als er sagte: »Ganz recht, ich bin *nur* ein Schauspieler. Aber eines weiß ich ganz ge-

wiß: Es war die größte Rolle, die ich in den letzten zehn Jahren spielen durfte . . .«

»Und warum haben Sie uns das Riesenloch buddeln lassen, wenn Sie uns doch der Polizei übergeben wollten?«

Mecki nickte zur Frage seines Komplizen und echote: »Ja, warum so 'n Loch?«

»Erstens als Strafe für den Überfall, den Opa und den alten Esel — und zweitens zu meiner eigenen Erleichterung. Genau an dieser Stelle möchte der Professor nämlich einen Springbrunnen haben. Und hättet *ihr* das Loch nicht gegraben, hätte *ich* es schaufeln müssen. Was nun, Herr Wachtmeister?«

»Am besten, wir gehen ins Haus und nehmen gleich hier das Protokoll auf!«

»He, Sie!« rief Mecki mit noch immer schweißnassem Gesicht. »Und was ist mit dem General?«

»Dem General??«

»Natürlich 'ne Erfindung!« zischte Jochen Zimpel und spuckte voller Abscheu in das Loch, das er gegraben hatte.

»Aber eine feine und äußerst wirksame Erfindung, ihr kleinen Stinker, das müßt ihr doch zugeben, wenn ihr ehrlich seid.«

In diesem Augenblick schlug es 1 Uhr 30. Das bewußte Ereignis neigte sich seinem Ende zu . . .

Reizende Leute

Eine Tragikomödie in 6 Akten

1. Akt

Man schrieb Sonnabend, den 12. Juni.
Es war kurz nach 9 Uhr.
Meteorologisch handelte es sich um einen freundlichen, sonnenbeschienenen Vormittag.
Emmi und Artur Graumann saßen gesättigt und zufrieden inmitten ihrer gediegenen Wohnzimmermöbel und genossen den frühen Tag zeitunglesend.
Während sich Artur, 58 Jahre, ein zur Korpulenz neigender Regierungsdirektor im Ministerium für Wasserversorgung, vom innenpolitischen Teil über den außenpolitischen zum Lokalen durchlas, begann Emmi, Hausfrau, kunstblond, 52 Jahre, von resolutem Auftreten, bei den Vermischtenanzeigen.
Emmi und Artur bewohnten das obere Stockwerk eines repräsentativen Zweifamilienhauses in ruhiger und vornehmer Vorortlage.
Emmi und Artur waren kinderlos.
Um 9 Uhr 55, Artur studierte gerade den Börsenteil, stutzte Emmi sichtbar. Sie senkte kurz den Zeitungsteil, nahm ihn wieder hoch, las die gleiche Stelle noch einmal . . .
»Artur!« rief sie schließlich leise und blickte dorthin, wo sie hinter dem papiernen Hindernis den Kopf ihres Mannes vermutete.
»Gleich!« erwiderte Artur. Er sagte immer »gleich«, wenn man ihn rief. Egal ob er beschäftigungslos im Sessel saß oder gerade wie jetzt, in der Zeitung las.
»Artur, hör mal . . .«
»Muß das sein?«

»Du wirst dich wundern ...«
Statt zu sagen, was er dachte, nämlich: daß ihn nichts mehr wunderte, nuschelte er: »Ich lese es doch dann selbst.«
»Aber ich will es dir jetzt vorlesen!« Emmis Stimme hatte leicht an Höhe und Intensität zugenommen.
Seufzend deponierte Artur die Börse auf den Knien und erkundigte sich kein bißchen neugierig: »Also, was gibt's?«
Ihr Blick verhieß Außergewöhnliches. Und dann begann sie auch schon zu lesen:
»Dreizimmerwohnung zu vermieten! In einem Zweifamilienhaus in herrlich-ruhiger Lage wird Komfort-Dreizimmer-Wohnung frei. Hundertfünf Quadratmeter Wohnfläche, zwölf Quadratmeter-Balkon mit Außenkamin, Bad und Waschraum mit italienischen Kacheln gefliest, Küche komplett mit Kühl- und Gefrierschrank, Elektroherd mit vierundzwanzig automatischen Funktionen, Supergrill, elektrischer Sonderarbeitstisch mit Kaffeemaschine, Brotschneidemaschine, Büchsenöffner und verschiedenen Mixgeräten. Dazu vollautomatische Waschmaschine mit Trockenvorrichtung, Geschirrspülmaschine. Miete ohne Nebenkosten eintausendfünfhundert Mark. Zur Wohnung gehören Gartenanteil und Garage. Interessenten unter ZH zwei-zweineun.«
Emmi sah ihren Mann erwartungsvoll an.
»Na, was sagst du jetzt?« Ihr Zeigefinger deutete in lebhaftem Auf und Ab nach unten.
»Du meinst, das ist die Wohnung im Erdgeschoß?«
»Na welche sonst?«
»Warum sollte er da schreiben ›wird frei‹, wenn sie doch schon über zwei Monate freisteht?«
Emmi wußte warum: »Weil es besser klingt. Es macht schließlich keinen guten Eindruck, wenn eine Wohnung monatelang leer stand. Jeder denkt doch dann, daß sie einen Fehler hat. Nasse Wände zum Beispiel, oder besondere Hellhörigkeit.«
Artur winkte ab. »Es hat den Grund, daß sie zu teuer ist. Fünfzehnhundert Mark ist eine Menge Geld für jemand, der nur tausend verdient.«

»Du machst Witze!« fand Emmi, und als Artur den Kopf schüttelte, sagte sie: »Wir zahlen schließlich auch schon zwölfhundert.«
»In dem Augenblick, wo er einen Mieter findet, der ihm das Geforderte zahlt, wird er sofort versuchen, unsere Miete ebenfalls zu erhöhen.«
»Was können wir dagegen tun?« wollte Emmi wissen.
»Nichts, beziehungsweise zahlen oder ausziehen. Aber du hast das Wichtigste vergessen, Emmi: Es muß sich ja gar nicht um diese Wohnung handeln.«
Emmi tippte sich in die Gegend des Herzmuskels. »Ich spür's hier drin, Artur, daß es diese Wohnung ist.«
Artur schwieg. Er wußte, daß es vergebliche Liebesmüh war, ihr den Spürsinn ausreden zu wollen . . .

2. *Akt*

Freitag, der 28. Juli.
Es war 14 Uhr.
Artur, vor zwei Stunden mit Ischiasschmerzen vorzeitig vom ministeriellen Schreibtisch nach Hause heimgekehrt, lag mit einem Heizkissen im Rücken auf der Couch.
Emmi stand am Fenster, seitlich neben der Übergardine, und beobachtete das Rein und Raus der Möbelträger. Jedes Stück, das den Möbelwagen verließ, versah sie mit einem mehr oder weniger ironischen, bissigen oder gar höhnischem Kommentar. Sie ging so in ihrer Berichterstattung auf, daß sie den augenblicklichen Zustand ihres Gemahls völlig vergaß. Ganz plötzlich begann sie zu kichern. Und sie rief: »Komm her, Artur, das mußt du sehen . . . Du lieber Himmel, auf so einem Sofa hätte sich ja nicht mal unser Bello ausgestreckt.«
»Weil er zu faul und zu fett war!« erwiderte Artur trocken, ohne seine Stellung, die Schmerzfreiheit bedeutete, zu verändern. Ja, er öffnete nicht einmal die Augen. Und so konnte er auch nicht die entrüstete Miene Emmis sehen. Um so deutlicher allerdings drangen ihm ihre empörten Worte in

die Ohren: »Du solltest dich was schämen, Artur. Wie kannst du nur so über unseren toten Hund reden?!«
»Du weißt genau, was der Tierarzt gesagt hat. Bello ist an Überfütterung und Bewegungsmangel gestorben.«
Emmi, mit den Augen bereits auf die Straße zurückgekehrt, tönte atemlos: »Es kommen Kinder ins Haus, Artur.«
»Wie schön«, fand Artur. »Junge oder Mädchen?«
»Woher soll ich das wissen. Sie haben nur gerade ein Dreirad hereingetragen ... Igittigitt«, stieß sie angewidert hervor. »Nun guck dir nur den Sessel an ... Der muß ja schon die Völkerschlacht bei Leipzig mitgemacht haben!«
»Sicher eine Antiquität.«
»Der steckt bestimmt voller Ungeziefer.«
»Warum glaubst du das?« Arturs Stimme klang jetzt leicht gereizt.
»Das sieht man doch!«
Artur öffnete die Augen und wandte seinen Kopf dem Fenster zu. Ärgerlich bemerkte er: »Streck gefälligst deinen Kopf nicht so weit vor. Muß schließlich nicht jeder wissen, daß du vor Neugier fast aus den Nähten platzt.«
»Artur!!« Emmi bebte vor Entrüstung. »Es ist wichtig zu erfahren, wer in die zweite Wohnung im Haus zieht. Schließlich muß man mit den Leuten zusammenleben — oder?«
Stöhnend und mit aller Vorsicht stemmte sich Artur hoch. »Natürlich ist das wichtig«, stimmte er zu, während er sich vollends erhob. »Aber glaubst du nicht, daß uns der Hausbesitzer darüber schon noch informiert?«
»Das hätte sich vorher gehört, und nicht erst dann, wenn die Herrschaften bereits die Möbel reintragen.« Und nun veränderte sich Emmis gepflegte Gesichtspartie zu einem hochmütigen Ausdruck. »Aber woher soll schon ein Lumpensammler wissen, was sich gehört.«
»Vielleicht stellen sich die neuen Mieter auch selbst vor, Emmi«, versuchte Artur zu beschwichtigen. Auf Distanz zum Fenster bedacht, baute er sich hinter seiner Frau auf und sah nun ebenfalls abwärts.
»Ha!!« stieß Emmi spitz und anzüglich hervor, »bis jetzt

habe ich noch niemanden gesehen, dem fünfzehnhundert Mark Miete zuzutrauen wäre. Und dazu noch diese wurmstichigen Möbel.«

»Der Mann da im weißen Mantel und der Liste, vielleicht ist das der neue Mieter . . .«

»Nein, der gehört bestimmt zur Spedition. Jedesmal, wenn die Männer ein Stück aus dem Wagen ziehen, guckt er auf die Liste. Ich glaube, daß es so eine Art Lageplan ist, auf dem steht, wo was hin muß . . .«

Und schon wieder gab es für Emmi einen Grund zur Heiterkeit: »Gott, ist das ein Monstrum von Standuhr. Auf dem Perpendikel haben bestimmt schon die Mäuse von Maria Theresia geschaukelt.«

»Urteile nicht vorschnell. Ein ähnliches Modell kostet in der Galerie Schönemann zwölftausend Mark.«

Emmi klatschte plötzlich in die Hände, was ganz offensichtlich zur Einleitung eines Geistesblitzes gehörte. »Daß wir nicht schon früher darauf gekommen sind.«

»Worauf?« Eine Frage voller Mißtrauen.

»Du rufst jetzt Herrn Wümsel an und fragst ihn nach den neuen Mietern. Vor allen Dingen, wie viele Kinder sie haben.«

»Das werde ich nicht tun, Emmi.«

»Und warum nicht?«

»Es wäre mir peinlich.«

»Peinlich, peinlich . . . was gibt's da Peinliches?«

»Ich wiederhole: Es wäre mir peinlich.«

»Bist du Regierungsdirektor oder nicht?«

»Was hat das damit zu tun?«

»Wer Regierungsdirektor im Ministerium für Wasserversorgung ist, zwölfhundert Mark Miete bezahlt, der hat das Recht, den Hausbesitzer nach den neuen Mietern zu fragen.« Ihre Miene ließ nicht den geringsten Zweifel darüber aufkommen, daß sie es genauso meinte, wie sie es sagte.

Seufzend ergab sich Artur in das Unabänderliche. Emmi in einen Diskurs über Logik zu verwickeln, wäre ebenso zeitverschwenderisch gewesen, wie der Versuch, ihr das Stelzenlaufen auf Zahnstochern beizubringen.

Benedikt Wümsel nahm bereits nach dem zweiten Rufzeichen ab.
»Wümsel!!« bellte er mit beachtlichem Stimmenaufwand ins Telefon. Er hatte, wie die meisten Schwerhörigen, die Angewohnheit, sehr laut zu sprechen.
»Guten Tag, Herr Wümsel, hier ist Graumann!«
»Wer ist dort?«
»Graumann spricht hier!«
»Ach, Herr Graumann, wie schön, daß ich mal wieder etwas von Ihnen höre. Es muß ja Jahre her sein, seit dem wir zum letzten Mal miteinander geredet haben. Wie geht's denn?«
»Danke, sehr gut. Und Ihnen? Was machen die Geschäfte?«
»Kinder!!!« zischte Emmi, von einer energischen Handbewegung unterstützt, ihrem Gemahl zu.
»Die Geschäfte gehen blendend, ich kann nicht klagen.«
»Das freut mich, Herr Wümsel.«
»Und wie geht es Ihrer Frau Bello? So hieß doch Ihre zauberhafte Gattin, stimmt's? Sie hatte es doch immer mit der Bandscheibe, nein, mit dem Ischias. Ha, mein Gedächtnis ist immer noch erste Klasse.
In Arturs Augen hatte es wettergeleuchtet. »Wie schön für Ihr Gedächtnis«, gab er lauter als beabsichtigt zurück. »Was allerdings Bello anbetrifft, das ist nicht meine Frau, das war unser Hund, und der Ischias gehört zu mir.«
»Na so was«, lachte Herr Wümsel dröhnend ins Telefon, »wie der Mensch doch irren kann.«
Artur schwieg und wartete auf das Ende der Heiterkeit. Um ein Haar hätte er dabei den Anschluß verpaßt, denn das Lachen verstummte abrupt, und Wümsels laute Stimme versicherte: »Es hat mich gefreut, daß Sie angerufen haben, grüßen Sie . . .«
»Halt, halt, Herr Wümsel, ich wollte Sie doch was fragen!« rief Artur.
»Wegen der Kinder!!« zischte Emmi erneut.
»Ja, was denn?«
»Bei uns ziehen Leute ein!«

»Ach, Verwandte?«
»Nicht doch in unsere Wohnung. Unter uns ...«
»Kinder!!!!«
»Ja, ich meine Kinder ...« Artur hielt verwirrt inne.
»Kinder???« fragte die Stimme aus dem Draht.
Artur wollte korrigieren: »Nein, Sie haben mich mißverstanden, ich ...«
»Wieviiiiiele!« fuhr Emmi dazwischen.
»Herrje, nun halt doch endlich mal die Klappe!«
»Aber Herr ...«
»Nein, Entschuldigung, ich meine doch nicht Sie, Herr Wümsel.«
»Was reden Sie denn die ganze Zeit von Kindern?«
»Ich wollte mich doch nur nach den neuen Leuten erkundigen, die unter uns einziehen ... Zum Beispiel, wie viele Kinder die haben.«
»Na, warum sagen Sie das nicht gleich?« Wümsels Stimme klang beschwingt. »Soviel ich weiß, vier!«
»V ... v ... vier??«
»Ja, vier Söhne.«
»Ach du liebes Herrgöttchen ...«, seufzte Emmi erschrokken in Arturs Ohr.
»Reizende Menschen diese Zeblinskys ... He, Graumann, sind Sie noch da?«
»Natürlich!«
»Die Frau stammt aus Wien, und er kommt irgendwo aus dem Böhmischen. Wirklich reizende Menschen. Sie lassen heute nur die Möbel einräumen. Sie selbst sind ja noch auf Tournee.«
»T ...« Der Rest wollte Artur einfach nicht über die blassen Lippen.
»Sie sind eine Künstlerfamilie ... Die Söhne sind schon groß ... oh, jetzt klingelt's an der Tür. Bitte, rufen Sie mich doch wieder mal an, Herr Bel ... Herr Graumann!«
»Jaja ...«
Es knackte.
Artur legte den Hörer geräuschlos auf die Gabel zurück. Geistesabwesend starrte er an Emmi vorbei. »Lumpenhänd-

ler!« stieß er schließlich zwischen den Zähnen hervor.
»Du bist ja ganz bleich, Artur«, stellte Emmi besorgt fest.
Da fuhr Arturs Kopf herum. »Wie oft habe ich dir schon gesagt, daß du mir nicht dazwischenreden sollst, wenn ich telefoniere.«
»Bitte schrei mich nicht so an, ich bin nicht schwerhörig.«
»Aber du tust es immer wieder. Warum rufst du ihn denn nicht gleich selbst an, den Lumpenhändler?«
»Was hat er gesagt?«
»Na, das hast du doch gehört. Dich hielt er für Bello, die Neuen von unten haben vier Söhne, und auf Tournee sind sie auch!«
»Die Söhne?«
»Die Eltern!«
»Auf was für einer Tournee, um Gottes willen?«
»Zum Kuckuck, das weiß ich nicht. Sie sind eben irgendwelche Künstler. Die Frau stammt aus Wien, der Mann aus dem Böhmischen.«
»Und wie heißen sie?«
»Irgendwas mit . . . linsky hinten dran. Au!!!«
Schmerzhaft hatte sich der Ischias in Erinnerung gebracht. Stöhnend, in der Stellung eines halbaufgeklappten Taschenmessers, schlich der Regierungsdirektor aus dem Ministerium für Wasserversorgung zu Couch und Heizkissen.

4. Akt

Ein Tag verging,
ein zweiter, ein dritter,
eine Woche,
schließlich waren seit jenem Tag im Juli genau ein Monat, zwei Wochen, fünf Tage und eine halbe Nacht vergangen und man schrieb seit neunzig Minuten den 16. September. Es war die Nacht zum Sonnabend.
Emmi und Artur schliefen. Emmi tief und laut, Artur leicht und leise. Emmi schnarchte männlich-robust, Artur schniefte weiblich-vornehm.

Plötzlich riß sein Schniefen ab. Sekunden später stellte er vorübergehend auch das Atemholen ein.

Artur lauschte!

Artur lauschte in die schwarze Nacht hinein, aus der ungewöhnliche Geräusche an sein Ohr gedrungen waren.

Da . . . da war es wieder.

Artur verschluckte sich beim raschen Luftnachschöpfen und richtete sich auf.

»Ich werd verrückt . . . Emmi!!!« Er tastete nach ihr, erwischte eine Haarsträhne und zog daran. Das robuste Schnarchen verstummte.

»Was ist los, Artur?« fragte sie mit rauher, verschlafener Stimme.

»Es hat ›Kikeriki‹ gemacht!«

Sie gähnte, drehte sich auf die andere Seite und murmelte: »Nimm Baldrian, das beruhigt!«

Er wollte an derselben Haarsträhne ziehen, doch das Kopfkissen war an dieser Stelle leer.

»Ein Hahn hat gekräht, Emmi. Und vorher hat ein Pferd gewiehert. Ich habe es deutlich gehört.«

Sie reagierte nicht.

Artur schaltete das Licht ein.

Emmi gähnte, jetzt klang ihre Stimme verärgert. »Warum machst du Licht? Wie spät ist es?«

»Es . . . es ist halb zwei durch.«

»Bitte, mach das Licht aus, es brennt mir in den Augen.«

»Hast du überhaupt gehört, was ich gesagt habe, Emmi?«

Sie gähnte wieder. »Ja, daß es halb zwei durch ist.«

»Ich habe gesagt, daß ein Pferd gewiehert und ein Hahn gekräht hat.«

»Du meine Güte, du hast eben vom Lande geträumt. Leg dich wieder hin und mach das Licht aus, Arturputzi!«

Arturputzi schlug wütend auf ihr Kopfkissen. »Erstens habe ich gehört, was ich gesagt habe, und zweitens sollst du mich nicht Arturputzi nennen!«

Es knallte ganz fürchterlich.

Jetzt saß auch Emmi aufrecht im Bett. »W. . . was war das, Artur?« flüsterte sie erschreckt.

»Eine Tür, schätze ich!« flüsterte Artur zurück.
Emmi rutschte Richtung Bettritze und hauchte: »In der Wohnung unter uns sind Einbrecher. Ruf die Polizei!!«
Er schüttelte stumm den Kopf.
»Ruf die Polizei, Artur!«
Erneutes Kopfschütteln. Sie wollte sich über ihn hinweg zum Telefon robben, das auf seinem Nachttisch stand, doch er schob sie zurück. »Laß das, Emmi. Einbrecher schmeißen nicht mit Türen!«
Und dann erstarrten sie beide und sahen sich ratlos an. Ihre Hand tastete nach der seinen. Von unten war deutlich Ziegenmeckern und Gänsegeschnatter zu hören.
»Artur, träume ich etwa noch?«
»Nein, nein. Die Künstler haben offensichtlich ihre Tournee beendet.«
»Die Künstler ...« Emmi zitterte. »Ob der Herr Wümsel weiß, was das für große Tierfreunde sind?«
»Ich habe nicht die leiseste Ahnung, Emmi.«
Artur schlüpfte aus dem Bett, kniete sich daneben nieder und preßte sein rechtes Ohr gegen den Fußboden.
»Hörst du was?« Emmi zog sich das Bett bis zum Kinn und fixierte den fülligen, blaugelbgestreiften Hintern Arturs, der wie ein Berg neben der Bettkante hoch aufragte.
»Nichts zu hören!« kam es dumpf zurück. »Ich möchte nur wissen, in welchem Zimmer sie das Pferd untergebracht haben.«
»Ich fürchte mich, Artur ...!« Und angstvoll rief sie dem auf Zehenspitzen davonschleichenden Artur hinterher: »Um Gottes willen, wo willst du hin?«
»Ich will nur sehen, ob die Kette vorgelegt ist und die Balkontür abgeschlossen. Wir wissen ja nicht, welche Viecher die Künstler noch im Reisegepäck haben ...«

5. Akt

Sonnabend.
Emmi und Artur saßen am Frühstückstisch.

Lustlos rührte Arthur in seiner Teetasse herum, während Emmi geistesabwesend auf ihr Honigbrötchen starrte. Die Zeitung lag noch unberührt neben der Teekanne.
Es klingelte.
Artur rührte teilnahmslos weiter.
»Es hat geklingelt, Artur.«
Ein müder Augenaufschlag. »Seit wann bin ich schwerhörig?«
»Warum bist du so gereizt?«
»Frage, nach so einer Nacht. Im Gegensatz zu dir, habe ich kaum geschlafen.«
»Aber du kannst doch nachschlafen, Artur. Du hast doch eine ganze Woche Urlaub.
»Glaubst du, ich will meinen Urlaub verschlafen?« brauste er auf.
Es klingelte zum zweiten Mal. Eine Spur anhaltender und, wie es schien, ein Quentchen lauter. Artur sah Emmi an. »Nun sag nur nicht wieder, daß es geklingelt hat!«
Die Erwiderung blieb Emmi buchstäblich im Halse stecken.
Aus Richtung Wohnungstür hatte laut, aufdringlich und schrill ein Hahn gekräht.
»O Gott, die Künstler!« flüsterte Emmi und preßte die Faust auf den Mund.
»Was will der mit dem Hahn?« Artur war aufgesprungen, der Teelöffel fiel klirrend auf den Teller zurück. Er sah plötzlich ungemein dienstlich aus. Nur die Worte paßten nicht zu seinem Dienstgesicht: »Dem werd ich was erzählen, dem Tierfreund . . . dem . . . linsky!«
»Sei vorsichtig!« hauchte ihm Emmi nach.
Unter normalen Umständen hätte Artur neun Schritte bis zur Tür gebraucht. Der Zorn ließ seine Schritte wachsen, und er schaffte es mit sieben. Er riß die Tür so heftig auf, daß sie ihm aus der Hand glitt und mit donnerndem Krachen gegen die Wand schlug. Am meisten darüber erschrokken war Artur selbst.
Doch dann gab er sich ganz seiner Verdutztheit hin. Verdutzt nämlich sah er in zwei strahlende Gesichter, von denen das eine von einem unglaublich ausladenden Schnauz-

bart verziert wurde. Verdutzt blickte er auf den sicher sündhaft teuren Strauß aus mindestens zwei Dutzend lachsfarbenen, roten und gelben Rosen und verdutzt hörte er, wie der lachende Mund unter dem Schnauzerriesen sprach: »Oh, wie scheen, Elivra, guck nur, ist ein Mann mit so viel Energisch!«
»Energie heißt das Hauptwort, Anatol!« wurde Anatol liebevoll verbessert.
»Na, sag ich doch ... Und das zum frühen Morgen, was?«
»Ganz recht«, zwang sich Artur zu einem reservierten Nikken. »Es ist erst neun Uhr.«
»Scheene Zeit für Besuch. Wie heißt so weise: ›Nur der frühe Vogel findet Wurm.‹ Lieber Herr Graumann, bitte, großer Strauß Rosen für gnädige Frau Gemahlin. Zur Begrüßung. Das ist Elvira, ich bin Anatol Zeblinsky. Wir sind neue Freunde im Haus.«
»W ... W ... Wir ssitzen ge-gerade beim Frühstück. B-Bitte treten Sie doch ein ...« Während Artur diese Einladung herausstotterte, suchten seine Augen verzweifelt nach dem dritten Besucher. Doch umsonst. Keine Spur von einem Hahn weit und breit. Dafür fuhr er erschrocken zusammen, als neben seinem Ohr lautes Schweinegrunzen erklang. »Chrchrchrchr!« Fassungslos sah er auf den Urheber, der ihm zublinzelte, und dessen graue Riesenbartenden bei den Grunzgeräuschen auf und ab wippten.
»Das bringt Glück, Herr Graumann!« sagte Elvira und zupfte sich ein rotblondes Löckchen über dem linken Auge zurecht.
Emmi blickte den Dreien mit einem gefroren aussehenden Lächeln entgegen. Dann irrten ihre Augen umher. Sie suchte nicht nur den Hahn. Vor nichts fürchtete sie sich mehr als vor frei herumlaufenden Schweinen. Sie beruhigte sich. Anscheinend hatten die Neumieter ihren Zoo vor der Tür gelassen.
Artur dagegen stand ziemlich hilflos zwischen Elvira und Anatol und wärmte die Rosenstiele. Er murmelte was von Platznehmen und Blumen-ins-Wasser-Stellen.
Und sie nahmen Platz mit einer Selbstverständlichkeit, als

lebten sie davon, jeden Morgen um 9 Uhr an den Frühstückstischen fremder Leute Platz zu nehmen.

Als Artur mit Vase und Rosen zurückkam, breitete Anatol gerade die Arme aus und beteuerte: »Also, was soll ich sagen. Natürlich wären wir schon gleich gekommen zur Begrüßung, aber was ist Elvira, meine liebe Frau, die war dagegen.«

Elvira, die liebe Frau, nickte fröhlich: »Na ja, das wäre ja wohl nicht schicklich gewesen, so spät noch zu stören. Es war ja schon nach ein Uhr.«

»Dabei haben wir Sie gehört!« beeilte sich Emmi zu verkünden. (Oh, wie ihr das gut tat!)

»Uns gehört? Aber nein ...«, protestierte Elvira.

Und Anatol: »Ist unmöglich das, haben wir nur geflüstert.«

An dieser Stelle mischte sich Artur ein. »Korrekt«, sagte er, »muß es heißen: Wir haben Ihre Tiere gehört.«

»Die Ziege und den Hahn!« sagte Emmi.

»Das Pferd und die Gans!« sagte Artur.

Anatol und Elvira sahen sich an. Schalk — Emmi hielt es für Hohn — blitzte aus ihren Augen, und dann lachten sie, als gäbe es nichts Wichtigeres auf der Welt als ausgelassene Fröhlichkeit.

»Werd ich Ihnen erklären. Was ist Elvira, meine Frau, und ich, wir üben immer, wenn Koffer auspacken, damit nicht kommen aus Übung.«

»Das ist uns seit fünfundzwanzig Jahren eine liebgewordene Angewohnheit.«

»Machen in Hotel, wenn kommen, früher in Wohnwagen, oder eben in Wohnung.«

Wieder lachten sie.

Artur sah nicht sonderlich geistreich drein. Ja, einige Atemzüge lang hegte er sogar den Verdacht, die beiden Rosenspender wollten ihn und Emmi auf den Arm nehmen.

»Was ... was meinen Sie mit üben, Herr Ze ... Zelinsky?«

Anatol tat pfiffig und malte mit dem Finger einen Buchstaben in die Luft. Dazu sagte er: »Zeblinsky, hehehe, haben vergessen eine kleine B. Die Zeblinskys stammen aus dem

Böhmischen und ist seit dreihundert Jahren Familie mit Artisten.«
»Artisten?« stieß Emmi erschrocken hervor. Sie dachte an Messerwerfer und Feuerschlucker.
Auch Artur war sichtlich um Fassung bemüht. »Herr Wümsel hat uns erzählt, Sie seien Künstler . . .«
»Na, was meinen Sie, ist Artist kein Künstler?« fragte Anatol, dazu streckte er beifallheischend die Hand in die Höhe.
»Wir zum Beispiel sind Stimmkünstler!« sagte Elvira.
»Berühmt in alle Welt. Wir können machen jedes Tier nach. Von lustige Henne, putt-putt-putt-putt«, Anatols Mund sah jetzt aus wie ein Dreieck mit Lippen, »bis zu Klapperschlange.« Er ließ ein eigenartiges Klappern ertönen.
»Anatol, du wolltest doch gerade erzählen, was es mit den Zeblinskys auf sich hat.«
Anatol nickte Elvira strahlend zu.
»Wie kann man nur ständig so fröhlich dreinschauen?« fragte sich Emmi und sie ärgerte sich insgeheim. Ihre Besucher waren ihr unheimlich.
»Hast recht wie immer, schließlich hat uns Herr Wümsel auch verraten, das ist Herr Graumann bei Post.«
»Post???« Es klang wie ein Schuß, doch Anatol zuckte mit keiner Wimper, er sah Emmi nur verwundert an.
»Hat uns Herr Wümsel gesagt, daß ist Herr Graumann bei Post. Stimmt nicht?«
Emmi legte ihre gesammelte Entrüstung in ihre Antwort: »Mein Mann ist Regierungsdirektor im Ministerium für Wasserversorgung!«
Elvira schien beeindruckt: »Hast du gehört, Anatol, Regierungsdirektor. Ein hoher Beamter und du sagst Post.«
»Hm«, Anatol zupfte sich scheinbar verlegen an den Enden seines Riesenschnauzers, »wirklich komisch, frag ich mich, warum sage ich Post?«
»Ist ja nicht so schlimm«, lenkte Artur ein. Ihm war Emmis Sondervorstellung ein bißchen peinlich. Na ja, und hohe Beamte gab's bei der Post schließlich auch.
Da tippte sich Anatol gegen die Stirn. »Jetzt weiß ich, wie ich komme auf Post! Weil ich geredet habe vorhin mit Brief-

träger. Na, und ist Briefträger Beamter, und Herr Wümsel gesagt, daß ist auch Herr Graumann Beamter, zu dumm, ich habe alles durcheinandergebracht . . .« Er legte sein Artistengesicht in ernste Falten. »Aber sollen nun auch wissen, was ist mit den Zeblinskys. Habe ich schon gesagt, daß ich komme aus dem Böhmischen. Also, und was ist Elvira, stammt sie aus dem zwölften Bezirk in Wien. Seit über fünfundzwanzig Jahren wir machen Stimmen in Varieté und Zirkus. Zwei tüchtige Söhne von uns arbeiten als fliegende Menschen . . .«
»In Amerika!« warf Elvira ein.
»Was ist der Boneslaw, unser Ältester, der ist Kunstschütze.«
»In Paris!«
»Und jüngstes Sohn, Peter, ist noch in Internat in Schweiz.«
»In Genf!«
Anatol klatschte in die Hände. »Und wenn ist Weihnachten oder ist Ostern, dann alle treffen zusammen mit Papa und Mama! Und dann werden gefeiert vierzehn Tage lang Wiedersehen an eine Stück. Ist immer sehr lustig, was, Elvira?«
»Ja, Anatol. Es sind die zwei schönsten Zeiten im Jahr.« Elvira seufzte abgrundtief. Doch schon wieder waren die Wolken von ihrem Gesicht verschwunden. »Aber so ist es nun mal. Was soll man dagegen machen, daß die Kinder größer und selbständiger werden.«
»Ich wußte gar nicht, daß man vom Nachmachen von Tierstimmen leben kann?« Es sollte leicht dahingesagt klingen, doch es ähnelte eher der Frage: »Wie schmeckt Baumrinde?«
Emmi dagegen ging die Sache von vornherein mit einem kriegerischen Unterton an: »Und vor allen Dingen so viel Miete bezahlen kann.«
Anatol beugte sich vor, machte zwei hohle Hände und flüsterte durch diesen Trichter: »Wir bezahlen nie!!! Miete!«
»Oh . . .«, machte Artur leise.
»Aaaaaaah . . .«, hauchte Emmi, während ihre Rechte versuchte, das kostbare Medaillon an ihrem Halse zu schützen. Wer keine Miete zahlte, der raubte auch goldene Medaillons.

»Was Miete anbetrifft, da haben wir Grundsätze, was Anatol?«
»Haben wir! Wozu sollen wir reichen machen andere, wenn nicht müssen, hehehehe. Ja, und was ist mit Tierstimmen, wir liefern jedes Geräusch, was ist gefragt.«
»Aber am meisten sind uns eben doch die Tierchen ans Herz gewachsen.«
»So ist! Haben wir schon vier Jahre lang gearbeitet in Hollywood bei Film!«
»In Hollywood????« Durch Emmis Kopf huschten Namen wie Clark Gable, Spencer Tracy und Gary Cooper.
»Wir haben Elefanten, Löwen, Affen, Truthähne, Papageien und sogar Flußpferde synchronisiert. Und trotzdem ist das Lieblingstier von Anatol ein schöner, stolzer Hahn, was Anatol?«
Statt einer gesprochenen Antwort ließ Anatol einen Hahnenschrei vom Stapel, der jeden echten Hahn hätte vor Neid erblassen lassen. »Na, wie gefällt Ihnen mein Hahn?«
Artur schluckte. Noch nie hatte er sich auch nur in einer annähernd ähnlichen Situation befunden. »Großartig ...«, sagte er schließlich.
Anatol lächelte verschmitzt und erklärte: »Nur macht Krähen viel Durst. Wenn noch einen Schluck Tee übrig hätten, ich würde nicht sagen nein!«
Für Emmi die Krone der Unverfrorenheit. Trotzdem quälte sie sich ein: »Aber gern!« ab. Und Anatol fuhr fort: »Na, und was Elvira ist, die trinkt zum Frühstück gern einen Schluck Wein.«
»W ... W ... Wein zum Frühstück???« stotterten Artur und Emmi im Duett.
Elvira nickte lebhaft. »Ja, das bekommt mir ausgezeichnet. Aber bitte nur Weißwein, wenn es eben unbedingt sein muß ...«
»Haben wir Weißwein, Artur?« erkundigte sich Emmi, den Tränen der Ratlosigkeit nahe.
»Ja, im Keller ...«, erwiderte Artur, bereits auf dem Wege dorthin ...

6. und letzter Akt

Eine Woche später.
23. September. Wieder ein Sonnabend.
Diesmal ein gedeckter Mittagstisch.
Emmi hatte Kartoffelpuffer gebacken. Erschöpft hing sie über einem Puffer und stocherte ihm mit der Gabel Löcher in die Oberfläche. »Ich habe kein bißchen Hunger!« murmelte sie.
Auch Artur fehlte jeglicher Appetit. Vielleicht lag es daran, daß ihn die Verzweiflung, zum ersten Mal in seinem Leben, zum Frühstück statt Kaffee oder Tee Wein trinken ließ.
»Bitte, Artur, ruf Herrn Wümsel an.«
»Der wird, wie üblich, um diese Zeit seinen Mittagsschlaf machen.«
»Na wenn schon«, erwiderte sie matt. »Wir müssen ihm sagen, daß er Gaunern Obdach gewährt hat.«
»Er wird Beweise verlangen, Emmi.«
»Alle angeblichen Kinder leben im Ausland, die wurmstichigen Möbel ... die warten doch nur darauf, daß wir zwei einmal für längere Zeit außer Haus sind. Sie wollen unsere Wohnung ausräumen, Artur, das ist der Trick. Hier ist ein ganz furchtbarer Kriminalfall im Werden, Artur.« Emmi war immer lauter geworden. Schließlich hallte ihre Stimme so laut von den Wänden wider, daß Artur zuerst den Finger über den Mund legte und ihn anschließend Richtung Untergeschoß in Stellung brachte.
»Psssssst!!!« zischelte er dabei.
Emmi begann plötzlich zu schluchzen. »Ich kann das Taubengurren nicht mehr hören. Hörst du, Artur, mich macht das Taubengurren verrückt. Die ganze Nacht Taubengurren ...«
Artur erhob sich, tätschelte ihr den Rücken und versuchte Trost zu spenden. »Schon gut, Emmi, es wird schon wieder werden. Nichts ist ewig. Mir geht das Froschquaken ja auch auf die Nerven und der verdammte Hahn ...« Er legte sich erschrocken die Hand auf den Mund. »Entschuldige, Emmi, ich wollte nicht fluchen.«

»Bitte, ruf Wümsel an, Artur . . .«, schluchzte sie wieder.
Diesmal gab sich Artur einen Ruck. Mit durchgedrücktem Kreuz ging er zum Telefon. Das Wählen der Wümselschen Nummer glich einer Tätlichkeit.
»Wümsel!« meldete sich Herr Wümsel.
»Kikeriki!!« kreischte der Regierungsdirektor in die Muschel. »Hier kräht Graumann!«
Nein, von Begeisterung konnte keine Rede sein. Ganz im Gegenteil, regelrecht mürrisch schnaufte Herr Wümsel ins Telefon: »Ach, Sie schon wieder . . . Haben Sie mitten am Tag einen Affen?«
»Wie kommen Sie darauf?« entrüstete sich Artur.
»Schreien Sie gefälligst nicht so, ich habe ein neues Hörgerät. Was soll der Blödsinn mit dem Kikeriki?«
»Herr Wümsel, erinnern Sie sich noch an unser Gespräch über die neuen Leute im Haus?«
»Sie meinen die reizenden Zeblinskys?«
»Reizend, reizend«, bellte Artur, »was heißt hier schon reizend. Seit einer Woche tauchen die reizenden Leute jeden Morgen mit Rosen, Kikeriki und viel Durst bei uns zum Frühstück auf. Herr Zeblinsky trinkt literweise Tee und seine Frau ist eine Weinfanatikerin. Sieben Flaschen hat sie schon verputzt. Zum Frühstück, Herr Wümsel! Den übrigen Tag und die halbe Nacht, mein lieber Herr Wümsel, gurren sie wie die Tauben, schnauben wie die Dampflokomotiven, spielen Sägewerk und Hochwald. Alle zehn Minuten kräht Herr Zeblinksy und Frau Elvira spielt eierlegendes Huhn.«
Die Pause, die Artur zum Luftholen brauchte, nutzte Herr Wümsel zu der Feststellung: »Das muß doch lustig sein . . .«
Artur ließ seiner kalten Wut freien Lauf: »Herr Wümsel, ich bin von Beruf nicht lustig, sondern Ministerialbeamter! Herr Wümsel, wir sind am Ende, oder auch, wenn Sie wollen, am Anfang des Wahnsinns. Gestern abend wollten wir uns im Radio ein Symphoniekonzert anhören. Das war unmöglich. Und wissen Sie warum?«
»Warum?«
»Weil die Zeblinskys Bauernhof gespielt haben.«
»Und warum erzählen Sie mir das alles?«

»Sie müssen was unternehmen, Herr Wümsel! Aktiv werden! Werfen Sie die reizenden Leute wieder aus dem Haus! Kündigen Sie ihnen! Wenn's geht, noch heute!«
Pause! Nur atmosphärisches Geräusch drang sekundenlang an Arturs Ohr. Endlich war er wieder da, der Herr Wümsel. Leise und mißtrauisch erkundigte er sich: »Herr Graumann, Mensch, sagen Sie, sind Sie nüchtern? Oder haben Sie vielleicht doch so einen kleinen pummeligen Schwips?«
»Ich bin stocknüchtern!! Rausschmeißen, sage ich!«
Herr Wümsel räusperte sich. »Hm, ha, tja«, meinte er zögernd, »Sie scheinen es noch nicht zu wissen . . .«
»Was scheine ich noch nicht zu wissen?«
»Nun ja, das mit dem Inserat . . .«
»Natürlich weiß ich, daß Sie ein Inserat aufgegeben haben. Übertrieben haben Sie darin wie ein orientalischer Teppichhändler. Was Sie jedoch vergaßen war, sich die Leute näher anzuschauen. Was ist die Folge davon? Kriminelle Stimmkünstler haben wir im Haus!«
Quatsch!« blaffte Herr Wümsel. »Ich habe auf meine Anzeige nur eine einzige Zuschrift bekommen. Eine einzige, schäbige Zuschrift.«
»Na und?« Artur fragte es, obwohl er wußte, was das bedeutete.
»Diese einzige Zuschrift war von den Zeblinskys!«
»Sag's ihm wegen der Miete, Artur!« rief Emmi apathisch, dabei walkte sie ihr naßgeschluchztes Taschentuch.
»Wissen Sie eigentlich«, nahm Artur den Einwurf auf, »daß die Zeblinskys, diese netten Leute, gar nicht daran denken, Miete an Sie zu zahlen, Herr Wümsel?«
So, das hat ihn jetzt endgültig zu Boden geschmettert, dachte Artur, als wieder längere Zeit nichts von Herrn Wümsel zu hören war. Doch als die Stille vorüber und Wümsels Stimme wieder auf sein Ohr traf, stutzte Artur.
»Mein lieber Herr Graumann, ich habe das Gefühl, daß Sie wirklich noch nicht alles wissen. Vielleicht sollten Sie sich jetzt setzen.«
O nein, es war nicht nur die Formulierung, die Worte, die Arturs Stimme rauh erscheinen ließ, als er versicherte, keine

Lust zum Sitzen zu haben. Es waren die Unter-, Zwischen- und Nebentöne, die ihn beunruhigten. Die Behutsamkeit, die Freundlichkeit, ja, das Mitleid ... Und je länger er zuhörte, um so blasser wurde er.
Und dann brauchte er doch eine Sitzgelegenheit.
Als er schließlich auflegte, glich seine Miene der eines Trauernden, der von seiner eigenen Beerdigung kommt.
»O Gott, o Gott, was ist passiert, Artur?« Emmi tastete sich mit weichen Knien an ihren Mann heran. Seinem Gesicht nach war Furchtbares geschehen.
Sie registrierte nicht einmal das Taubengurren, das auf dem Weg über den unteren und oberen Balkon ins Wohnzimmer zu ihnen drang.
»Artur ...«
Artur Graumann, Regierungsdirektor im Ministerium für Wasserversorgung, riß sich zusammen.
Er mußte sich zweimal räuspern, bis er seine Stimme wieder einigermaßen in der Gewalt hatte. »Emmi«, sagte er, »Kopf hoch!!«
»O Gott, o Gott ...«
»Die Artisten sind keine Gauner, sondern wirkliche Artisten, und — sie sind nicht mal arm.«
»Nicht arm?« äffte Emmi nach, ohne den genauen Sinn zu begreifen.
»Und weißt du, warum sie keine Miete zahlen?«
»Nein, Artur.«
»Weil es nicht üblich ist, daß man an sich selbst Miete bezahlt. Mit anderen Worten: Die Zeblinskys haben Wümsel gleich das ganze Haus abgekauft, und, wie er behauptet, ohne ein bißchen zu feilschen! Und weil sie hier oben ein Studio einrichten wollen, werden sie uns am 30. September zum 31. Dezember kündigen!«
»Aber ... aber warum kommen Sie ...« Emmi verschluckte den Rest.
»Du willst wissen, warum sie uns seit einer Woche auf die Nerven gehen? Das empfinden nur wir so, Emmi. Sie haben Herrn Wümsel versprochen, uns bis zum Kündigungstag wie liebgewordene Freunde zu behandeln.«

Artur sprang auf, knallte seine Hände zweimal gegen die Hosennaht und rief: »Komm, wir gehen!«
»Wohin, Artur?«
»Na wohin schon. Eine neue Wohnung suchen . . .«

Und im Wald, da sind die Räuber...

Es war 9 Uhr 10, und aus dem Radio erklang im Chor der Wunsch, daß »der Tag, so wunderschön wie heute, nie zu Ende gehen« möge! Und das früh um 9 Uhr 10!
Peter Kleinschmidt schlürfte voller Behagen den Rest seines Kamillentees, schnupfte eine Prise Menthol, erhob sich und ging zum Schrank, dem er ein dickes Buch entnahm. Es war nicht nur dick, es wirkte auch alt und behäbig, und es trug den Titel »Alle Suppen dieser Welt«.
Der Mann klappte den Deckel auf und grapschte aus dem Inneren des Buches eine Handvoll Groschen. Ein Jammer, daß diese bibliophile Kostbarkeit von Anno 1911 zu einer Schatulle für Kleingeld umfunktioniert worden war.
Peter Kleinschmidt, 39 Jahre alt, von der Natur mit einem harmlos-freundlichen Allerweltsgesicht ausgestattet, ging dem gesetzwidrigen Kombinationsberuf eines Taschendieb-Einbrecher-Räubers nach.
Er warf jetzt einen letzten Blick in die Runde seines Untermieterzimmers und packte seinen »Musterkoffer«, der keine Muster, sondern Einbrecherwerkzeuge enthielt.
»Auf Wiedersehen, Frau Schnetzler!!« brüllte er im Korridor, denn seine Wirtin, die ihn für einen ehrenwerten Vertreter hielt, war sehr schwerhörig.
Hulda Schnetzler streckte ihren Kopf aus der Küche und brüllte frohgelaunt zurück: »Auf Wiedersehen, Herr Kleinschmidt. Ich wünsche gute Geschäfte!« Das sagte sie jeden Tag, und ebenso wie an jedem Tag winkte ihr Kleinschmidt daraufhin liebevoll zurück. Schon am Vorabend hatte er ihr ins Ohr gerufen, daß er für zwei Tage auswärts zu tun habe und nicht nach Hause käme.
Ein letztes Nicken, ein letzter Gruß.
Mit der gepfiffenen Melodie des River-Kwai-Marsches mar-

schierte er die 120 Stufen bergab. Und im selben Marschrhythmus betrat er wenig später die Telefonzelle Ecke der Bückler- und Hornbergstraße.

Die ersten beiden Groschen schepperten in das vorgesehene Fach. Herr Kleinschmidt wählte: Sieben — neun — acht — drei — sechs — eins! Das Rufzeichen,

eine mürrische Stimme: »Gasthof Grüner Baum!«

»Hallo, Max«, rief Herr Kleinschmidt aufgekratzt in die schwarze Muschel, »hier spricht Peter. Gib mir doch mal den Hans-Dieter!«

»Ist nicht da!« kam es trocken und keine Spur freundlicher zurück: »Wir haben heute geschlossen!«

»Oh!« Kleinschmidt tat überrascht. »Geschlossen? Aus welchem Grund denn?«

»Weil Mittwoch ist, und mittwochs haben wir immer geschlossen! Bis morgen also!!«

Peter Kleinschmidt kicherte leise in sich hinein. Er sah den asthmatischen Max vor sich, wie er den Hörer wutschnaubend auf die Gabel wuchtete und zu seinem Küchensofa zurückstampfte.

Zwei neue Groschen fielen nach unten.

Zwei — vier — acht — drei — acht — neun!

»Turmschenke!!«

»Na, wie schön, Männe, daß dein Laden nicht auch geschlossen hat. Ich hätte gern Hans-Dieter an die Strippe, wenn's keine Mühe macht!«

»Wer ist denn dort?« wollte ein piepsiger Sopran wissen.

Kleinschmidt grinste, seine Stimme nahm eine geheimnisvolle Färbung an. »Nicht weitersagen, hier spricht der Präsident vom Trachtenverein. Es geht um eine Tracht Prügel!«

Der gleichermaßen belustigte wie gespannte Gesichtsausdruck Kleinschmidts veränderte sich jäh. Verblüfft sah er auf den Hörer in seiner Hand, aus dem plötzlich ein rhythmisches Tonsignal erklang.

»Dieser Napfkuchen hat doch tatsächlich aufgelegt!« zischelte er entrüstet.

Das dritte Groschenpärchen fiel blechern durch die Apparatur. Zwei — vier — acht — drei — acht — neun!

Diesmal ertönte das Freizeichen siebenmal, bevor sich die dünne, helle Stimme von eben wieder meldete. »Turmschenke!«
»Und hier ist Peter, du breitgelaufener Limburger!« schimpfte Kleinschmidt in den Draht. Und ebenso aufgebracht schimpfte es zurück.
»Der Präsident vom Trachtenverein, was? Melde dich gefälligst anständig, damit man weiß, mit wem man es zu tun hat. Hab schon genug Ärger!«
»Halte mir keine Vorträge, Männe, gib mir lieber Hans-Dieter!«
Eine Spur versöhnlicher: »Tut mir leid, Peter, von dem hab ich heut nur das Gesicht an der Tür gesehen. Soll ich ihm was ausrichten, falls er hier noch mal aufkreuzt?«
Peter Kleinschmidt dachte kurz nach, dann erwiderte er: »Nö, Männe, das hilft mir nichts. Bis zum nächstenmal!«
Diesmal behielt der falsche Vertreter den Hörer gleich in der Hand, während er mit dem Finger nur kurz die Höreraufhängung herunterdrückte und erneut zwei Zehner deponierte.
Acht — acht — eins — vier — sechs — eins . . .
Rufzeichen!
»Rotes Eck!« Zur Abwechslung eine weibliche Stimme.
»Hier ist Kleinschmidt. Ist der Hans-Dieter zufällig da?«
»Hans-Dieter? Welcher Hans-Dieter?« fragte die Stimme.
»Ich meine den mit der Warze auf dem Ohrläppchen.«
»Warze auf dem Ohrläppchen?« fragte die Stimme wieder, und Peter Kleinschmidt wurde ungeduldig.
»Ja!« bellte er unfreundlich ins Telefon. »Sie sind wohl neu im ›Roten Eck‹, was?«
»Erraten! Warten Sie ein bißchen, ich guck mich mal um, es sind ja nur vier Gäste da!«
Kleinschmidt wartete. Und es dauerte wirklich nicht lange, dann meldete sich eine neugierige Stimme: »Ja?? Wer ist denn dort?«
»Hier ist Peter!« raunzte Kleinschmidt.
»Hallo, Peter!« rief Hans-Dieter erfreut. »Ich wünsche dir einen schönen guten Morgen. Warum biste denn so sauer?«

»Drei Kneipen mußte ich anrufen«, erwiderte Peter verstimmt, »drei Kneipen, um dich aufzustöbern.«
»Aber das ist doch ganz einfach«, wehrte sich Hans-Dieter. »Der ›Grüne Baum‹ hat mittwochs geschlossen, und in der ›Turmschenke‹ verging mir schon an der Tür der Appetit.«
»Und warum?«
»An unserem Stammtisch frühstückten zwei Polizisten!«
»Pfui, an unserem Stammtisch?« Kleinschmidt schüttelte sich.
»So ist es. Was blieb mir weiter übrig als das ›Rote Eck‹. Ist auch nicht mehr das, was es mal war. Die haben eine neue Bedienung. So eine Dünne im Minirock mit einem frechen Mundwerk.«
»Was ist denn mit der dicken Paula, die bisher immer bedient hat?«
»Der Willi sagt, die sei nach Marokko ausgewandert. Gibt's was Neues?«
»Es gibt. Geh sofort zu Paulchen, und sage ihm, daß ich für ihn, für dich und für mich einen heißen Tip bekommen habe. Und was ich jetzt sage, gilt für euch beide: Ihr rüstet euch mit einer warmen Wolldecke und einem Schirm aus, dann meldet ihr euch bei euren Vermietern für zwei Tage ab. Sagt, ihr müßtet in einer Erbschaftsangelegenheit verreisen. Punkt 14 Uhr treffe ich euch an der ehemaligen Straßenbahnhaltestelle Sprossenplatz. Alles klar?«
»Alles klar!« rief Hans-Dieter fröhlich. »Ist es wieder so ein schickes Ding wie beim letztenmal?«
»Könnte sein!« kam es einsilbig zurück.
»Und was ist mit der Verpflegung?«
»Das besorge alles ich. Und noch was: Tätschle Paulchen den Rücken, damit er sich nicht wieder so aufregt!«
Für eine Weile blieb es stumm zwischen den beiden Telefonierenden. Eine Stille, die deutliche Züge von Mißmut trug. Und da sagte Hans-Dieter auch schon murrend: »Brauchen wir den denn unbedingt? Können wir das Ding nicht auch zu zweit drehen?«
Kleinschmidts Erwiderung ließ keine weitere Diskussion zu diesem Thema zu: »Paulchen ist der beste Schmieresteher,

den ich kenne, das ist das eine, und das andere ist: Paulchen hat uns bis jetzt immer Glück gebracht!«

»Stimmt, da haste recht«, sagte Hans-Dieter und schnipste sich gegen die Warze auf dem Ohrläppchen. »In welche Richtung geht's denn?« erkundigte er sich dann neugierig und fuhr gleich darauf erschrocken zusammen. »Seit wann unterhalten wir uns darüber am Telefon?« hatte Peter Kleinschmidt rügend in die Leitung gebellt.

»War 'ne dumme Frage, was? Soll nicht wieder vorkommen!« versprach Hans-Dieter. Dabei ärgerte er sich, daß ihn der »fromme Peter« (wie Kleinschmidt in der Branche hieß, weil er jeden Sonntag feierlich und schwarzgewandet in die Kirche ging) so angeblasen hatte.

»Also, bis 14 Uhr!« sagte der jetzt und legte auf.

»Bis 14 Uhr!« erwiderte Hans-Dieter leise, obwohl er wußte, daß ihm niemand mehr zuhörte.

Hans-Dieter und der kleine mopplige, rotwangige Paulchen waren weit und breit die einzigen, die an der ehemaligen Straßenbahnhaltestelle Sprossenplatz standen. Hans-Dieter mit einem prallgefüllten Plastikbeutel in der einen und einem Schirm in der anderen Hand. Paulchen dagegen trug die gewünschte Wolldecke zu einer unförmigen Wurst gedreht unter dem Arm. Die beiden stiegen zu Kleinschmidt in den Wagen.

Während Hans-Dieter den strahlenden Paulchen in den Fond schob, sagte er: »Du bist ja pünktlich wie meine Frühjahrsmüdigkeit, Peter!« Und er nahm neben diesem Platz. »Ich sage dir, Paulchen ist aufgeregt wie beim erstenmal.« Er warf die Tür zu. Und Paulchen nickte eifrig.

»Vie-vie-vielen Dank, P-Peter, daß d-d-du mich wieder mitni-nimmst!«

»Schon gut, ist doch Ehrensache. Seht nach, ob eure Türen ordentlich zu sind!«

»Eh-eh-ehrlich, ich b-bin ganz wi-wi-wild aufgeregt. Es ist das er-er-erste M-M-Mal, daß ich ein Ding mit ei-einer d-d-dicken Wolld-d-decke drehe!«

»Hehe, man fängt mit allem einmal an, Paulchen!«
Paulchens Miene war plötzlich umwölkt, und mißmutig schimpfte er: »Verd-dammt, d-d-daß ich immer st-st-stottern muß, wenn i-ich aufgeregt b-b-bin.«
»Warum gehst du nicht mal zum Psychiater?« fragte Peter Kleinschmidt.
»Was s-s-soll ich d-d-dort?« Paulchen schien von solch einer Möglichkeit nicht allzuviel zu halten.
Hans-Dieter schätzte grinsend die Eventualitäten ab: »Wenn du Glück hast, schmeißt der dich auf eine Couch – und schon biste dein Stottern los.«
»Ich glau-be nicht an sssolche Mätz-chen. Also, ich sage euch, ich le-lese die ga-ga-ganze Z-Z-Zeitung von v-vorn bis hinten und von h-hinten bis v-v-vorn ohne einen ei-einzigen Aufenthalt.«
»Und wie ist es, wenn du was Aufregendes liest?« wollte Peter wissen.
»H-Hab ich noch nicht aufge-gepaßt, o-oder? Nö, d-das m-macht mir gar nichts aus. Vie-vielleicht gehe ich d-doch noch mal zu so einem Sychater o-oder so ähnlich.« Paulchen klatschte in die Hände und versicherte noch einmal: »M-Mann, bin ich aufgeregt.«
»Hoffentlich bringt die Sache wenigstens was ein«, dachte Hans-Dieter laut. Peter beruhigte ihn: »Wenn meine Informationen stimmen und wenn wir Glück haben, könnte die Sache ihre guten 100 000 wert sein.«
»D-D-Donnerw-w-w-wetter!« stotterte Paulchen und riß die Augen auf.
»Und wenn wir Pech haben?«
»Bestenfalls nichts, schlimmstenfalls ein Jahr!« gab Peter Kleinschmidt zu.
»Wo dr-dr-drehen w-w-w-wir das D-Ding eigentlich?«
»Im Ebelinger Forst!«
Hans-Dieter stieß einen Pfiff aus, und auch Paulchen sah überrascht auf Kleinschmidt.
»Im Ebelinger Forst«, wiederholte Hans-Dieter ungläubig. »Gibt's denn dort außer Brennholz was zu holen?«
»Wo d-der P-P-Peter hingeht, gibt's immer was zu h-h-ho-

len. A-aber wozu brauchen wir ei-eigentlich Decken, P-Peter?«
»Damit wir uns den Hintern nicht verkühlen!« Kleinschmidt grinste.
Und der etwas schwerfällige Paulchen haute ihm die Hand auf die Schulter. »T-t-toll, an w-w-was du alles d-denkst, ganz massig t-toll!«
»Ich will euch erzählen, um was es geht. Kennt ihr den reichen Kreiselmeier?«
Hans-Dieter sah erstaunt auf. »Meinst du den Rollmopsfabrikanten?«
»Den meine ich. Der besitzt im Ebelinger Forst ein sogenanntes Land- und Jagdhaus. Dort feiert er heute abend eine große Party!«
»Ich hatte keine Ahnung, daß es dort überhaupt Häuser gibt.«
»Bis gestern wußte ich das auch nicht. Daran siehst du wieder mal, daß man von den Reichen nur das Wenigste und Unwichtigste wirklich weiß.«
»Ha-ha-haben die dich eingela-den, P-Peter?«
Peter Kleinschmidt wandte sich langsam um und sah Paulchen strafend an. Und seine Stimme klang gereizt: »Paulchen, du weißt genau, wie ich auf dämliche Fragen reagiere. Also stell mir keine dämlichen Fragen! Oder hast du schon einen reichen Rollmopsfabrikanten gesehen, der einen armen Einbrecher zu seiner Party einlädt?«
»T-toll, eigentlich n-n-nicht!« Paulchen schüttelte zerknirscht den Kopf, um gleich fortzufahren: »M-Mann, b-bin ich aufgeregt.«
»Dieser Waldvilla schräg gegenüber liegt eine wunderschöne Tannenschonung. Dort werden wir es uns bequem machen. Mein Informant hat behauptet, daß der Rollmops und sämtliche Gäste nach der Party das Haus wieder verlassen!« erklärte Peter Kleinschmidt weiter.
»Du meinst, daß es dann leer steht?«
»So ist es. Sobald der letzte abgedampft ist, machen wir uns an die Arbeit!«
So ganz geheuer schien Hans-Dieter die Sache nicht zu sein.

»Vielleicht gibt's einen Hund oder eine Alarmanlage, was dann?«
»Weder das eine noch das andere. Dafür gibt's aber eine wertvolle Briefmarkensammlung und einige noch wertvollere Bilder. Alles zusammen hat in unseren Rücksäcken Platz.«
Paulchens Kopf zuckte erschrocken vor. »Rucksäcke??« fragte er. »Wo nehmen wir denn Rücksäcke her? Hans-Dieter hat nur von Decke und Schirm gesprochen ...« Er sah die Blicke der beiden anderen auf sich gerichtet. »Was seht ihr mich denn so an?«
»Du hast eben kein bißchen gestottert, Paulchen!« sagte Peter Kleinschmidt.
»Du warst flüssig wie eine sprudelnde Quelle!«
»Was denn, w-w-was denn ... Ist mir ü-ü-überhaupt nicht aufgefallen.«
»Aber uns, du Primel!« Hans-Dieter nickte ihm zu. Und Peter Kleinschmidt beruhigte Paulchen: »Wegen der Rucksäcke mach dir mal keine Gedanken, die habe ich im Kofferraum, zusammen mit den Wanderstöcken.«
»Kennst du dich denn in der Umgebung aus?« fragte Hans-Dieter.
»Gestern bin ich zweieinhalb Stunden durch das Gelände gewetzt. Übrigens, das Haus hat einen Hausmeister.«
»Ach du liebes Schneewittchen!« rief Hans-Dieter beunruhigt und erschrocken zugleich aus. »Du hast doch gesagt, daß ...«
Peter Kleinschmidt winkte ab. »Kein Grund zur Aufregung. Der arme Mann liegt seit drei Wochen im Krankenhaus. Ist vom Balkon gefallen, als er eine Leitung montieren wollte.«
Paulchens Stimme klang resolut, als er vorschlug: »I-ich sage euch, wenn alles ge-geklappt h-hat, schicken wir ihm ein paar t-tolle Blumen ins Kra-Kra-Krankenhaus, was, Peter?«
»Das können wir machen. Aber jetzt machen wir, daß wir erst mal an Ort und Stelle kommen.«

Es war 15 Uhr 10, als Peter Kleinschmidt seinen alten VW auf den Parkplatz am Waldgasthaus »Waldesruh« lenkte. Nachdem Paulchen und Hans-Dieter ihre mitgebrachten Decken und Schirme in den für sie reservierten Rucksäcken verstaut hatten, packten alle drei ihre Knotenstöcke und schritten mit den Mienen überzeugter Wandersleute in den Wald hinein. Sie mieden die asphaltierte Wald-Hauptstraße. Und wenn sie von weitem irgendwelche Spaziergänger entdeckten, schlugen sie sofort einen Haken.

Endlich, nach 65 Minuten, lag das Ziel ihres Marsches, die Tannenschonung, vor ihnen. Die Bäume hatten durchweg eine Höhe von annähernd zwei Meter und standen so, daß sich das Gaunertrio bequem einen Weg hindurchbahnen konnte.

Punkt 16 Uhr hob Peter die Hand und verkündete leise: »Wir sind da! Hier schlagen wir unser Lager auf!«

Paulchen sank mit einem Wehlaut zu Boden und streckte sich der Länge nach aus. »E-endlich. Mein Ru-Rucksack w-w-wiegt mindestens einen Zentner!«

Und auch Hans-Dieter stöhnte: »So viel bin ich in den letzten zehn Jahren nicht mehr an einem Stück gelaufen. Ich glaube, ich hab an jeder Zehe eine Blase!«

»Jammerlappen seid ihr«, schimpfte Kleinschmidt. »Sind den Tränen nahe, wenn sie mal marschieren müssen. Warum betreibt ihr nicht jeden Tag ein bißchen Trimm-Trab?«

»Wozu soll ich mich unnötig bewegen?« maulte Hans-Dieter. »Im Schlaf liege ich schließlich auch still.«

»Das ist vielleicht eine Einstellung. Du bist ein Faulpelz!«

»W-w-was ha-hast du n-n-nur in meinen Ru-Rucksack gepackt. Der h-hat mich richtig krummgezo-gen«, lamentierte Paulchen.

»Essen und Trinken!«

»Hoho, Trin-Trinken, M-Mann, ha-hab ich einen Du-Du-Durst!«

Während Paulchen nach einer Flasche zu kramen begann, wollte Hans-Dieter wissen: »Wo ist denn nun die Rollmopsvilla?«

Peter Kleinschmidt deutete nach rechts. »Zehn Meter in

Ausser für
Anlieger

diese Richtung, dann liegt sie direkt vor uns. Außerdem kann man von dort aus auch die Zufahrtsstraße sehen. Wir werden uns zunächst einmal stärken, und anschließend beziehen wir Posten!«
Sie schlachteten bei ihrem Picknick nacheinander drei Konservendosen, ein Glas Kirschen und verputzten zwei Pakete Knäckebrot sowie zwei Liter Limonade. Dann packten sie ihre Decken und krochen zum Rand der Schonung.
Es handelte sich wirklich um einen idealen Beobachtungsposten. Nicht nur, daß sie das imposante einstöckige Haus gerade vor ihrer Nase hatten und auch die etwa 400 Meter lange Zufahrt bis zur Einmündung in die Wald-Hauptstraße einsehen konnten, sie selbst wurden von hohen Farnkräutern so vollendet gedeckt, daß kein noch so scharfsichtiger Späher sie hätte ausmachen können.
Sämtliche Fenster des Hauses waren mit schweren, massiven Fensterläden gesichert, und nichts deutete darauf hin, daß sich im Haus eine lebende Seele befand. Doch dann, es war 18 Uhr 15, tauchte das erste Auto, ein großer Mercedes, auf. Er fuhr in den weiträumigen, plattenbelegten Hof. Drei Herren und eine Dame stiegen aus.
Sie schienen alle vier bester Laune zu sein und verschwanden laut lachend und redend im Haus. Wenig später wurde geräuschvoll ein Fensterladen nach dem anderen aufgestoßen. Es dauerte nicht mehr lange, und sie rauschten heran, die Jaguars, Maseratis, Porsches, Alfa Romeos und Mercedes. Bald hatten sich neunzehn Fahrzeuge im Hof versammelt.
Aus den geöffneten Fenstern drangen Musik und ausgelassene Heiterkeit bis hin zu dem Platz, wo drei Männer auf das Ende der eben begonnenen Party warteten.
Sie mußten lange warten . . .

Mitternacht ging vorüber. Ihre geflüsterte Unterhaltung wurde immer sparsamer. Als es 1 Uhr war, versuchte Paulchen seine beiden Kumpane mit einem Witz aufzuheitern.
»He, s-s-soll ich euch ei-einen Witz erz-zählen?«

»Wenn's sein muß, erzähl!« sagte Peter Kleinschmidt, ohne die Villa aus den Augen zu lassen.
»Wenn's dich erleichtert, Paulchen. Aber nur einen, über den ich auch lachen kann!« sagte Hans-Dieter.
»Also, da trifft ein St-Stotterer ei-einen Bu-Buckligen. Fragt d-d-der Buck-lige den St-St-Stotterer: ›H-he, wohin g-gehst du?‹ A-antwortet der St-St-Stotterer: ›Ich g-geh in die Sch-Schule!‹ Da l-l-lacht der B-Bucklige und sssagt: ›Du k-kannst doch sch-sch-schon so g-g-gut st-st-stottern, wozzu gehst d-d-du noch in die Sch-Sch-Schule.‹ Der St-Stotterer fragt n-nun den Bu-Buckligen: ›Und wo g-g-gehst du h-hin?‹ Sagt der: ›Ich g-geh zum Fo-Fotografen, B-B-Bilder mach-en.‹ Da f-fängt der St-Stotterer an zu lllachen und sssagt: ›Hihihi, dann p-p-paß nur auf, daß der B-B-Buckel nicht mit aufs B-Bild kommt, sssonst ge-geht d-das Al-bum n-n-nicht zzzu.‹« Paulchen kicherte.
In diesem Augenblick begann Hans-Dieter zu schnarchen.
»G-G-Gemeinheit«, schimpfte Paulchen entrüstet.
Peter Kleinschmidt tröstete ihn: »Mach dir nichts draus, Hans-Dieter hat eben keinen Humor!«
Es wurde 2 Uhr.
Es wurde 3 Uhr.
Um 3 Uhr 50 verließ der erste Wagen den Hof. Um halb sieben stand nur noch der Mercedes da, der am Abend zuvor den Reigen eröffnet hatte.
Viel weniger fröhlich wurden die Fensterläden wieder geschlossen. Um 7 Uhr endlich kutschierte auch der Mercedes mit den drei Männern und der Dame zum Hof hinaus.
Hans-Dieter schnarchte noch immer, und auch Paulchen fiepte leise vor sich hin.
»He, aufwachen, ihr beiden!!«
Während sich Hans-Dieter reckte und streckte, bis die Knochen und Gelenke knackten, fragte Paulchen schlaftrunken:
»H-hab ich gesch-schlafen?«
»Ein wenig!«
»Na-na so was!«
»Sag mal, Peter«, Hans-Dieter gähnte, »vorhin im Traum ist mir eine Frage eingefallen. Warum liegen wir hier ei-

gentlich wie die Tannenzapfen herum, statt dem Haus zu ganz normaler Einbrecherzeit einen Besuch abzustatten?«

»Wenn es unmittelbar nach der Party passiert, wird man zuerst einen der Gäste verdächtigen. Und das ist gut so, denn das lenkt die Polizei fürs erste von unseren Spuren ab!« Peter deutete auf die Rucksäcke. »Die nimmst du, ich trage das Werkzeug! Und nun zu dir, Paulchen. Was nehmen wir für einen Warnruf?«

Paulchen überlegte kurz, dann schlug er mit jetzt wachen Blicken vor: »Ich k-könnte ganz t-t-toll wie ein Motor-rarad hu-hupen!«

»Mensch, Paulchen«, schimpfte Peter, »wir sind hier nicht in der Stadt, wir sind mitten im Wald. Was kannst du besser. Das Quaken eines Frosches . . .«

»Frosch?« unterbrach Hans-Dieter zweifelnd. »Hier??«

»Ja, dreihundert Meter hinter dem Haus liegt ein kleiner Waldsee — also Frosch oder das Rufen eines Kuckucks?«

»Im Qua-Quaken b-bin ich ganz große Klas-ssse! Aber auch d-d-das Ge-Gekuckucke l-l-liegt mir!«

»Lassen wir's beim Quaken«, entschied Peter Kleinschmidt und bückte sich nach dem Werkzeugbündel. »Sobald du jemanden dort auf der Straße auftauchen siehst, quakst du, was das Zeug hält. Alles klar, Paulchen?«

»Kl-kl-klar, alles kl-kl-klar!«

Und so nahm das Verhängnis seinen Lauf.

Das heißt, zunächst ging ja alles ganz gut. Peter und Hans-Dieter brauchten für das Türschloß nicht mal fünf Mnuten. Und da überall Fensterläden vorgelegt waren, konnten sie es sich erlauben, ebenfalls überall ungeniert Licht einzuschalten.

Sie öffneten die Fenster, um Paulchens eventuelle Warnsignale zu hören, und widmeten sich dann mit Hingabe ihrer gar nicht feinen Aufgabe.

Zur selben Zeit starrte Paulchen angestrengt auf die Waldstraße. Er summte dabei leise vor sich hin, denn Paulchen war mit sich, seinem Los und rundherum mit allem zufrieden. Er hatte Freunde, eine leichte Arbeit und — bis aufs Stottern — eine gute Gesundheit. Zwanzig Minuten mochten so wohl vergangen sein, als es ihn wie ein Blitz durchfuhr.

Der Mercedes!

Mit quietschenden Reifen war der zuletzt weggefahrene Mercedes von der Wald-Hauptstraße in die Zufahrt eingebogen. Vor Aufregung bediente sich Paulchen eines der Aussprüche Hans-Dieters: »Ach d-d-du lie-liebes Sch-Schneewittchen!« stotterte er entsetzt, und dann fiel ihm ein, warum er hier hockte und die Straße beobachtete.

»K-Kuckuck!« schrie er, »Ku-ckuck, Kkkuckuck . . .«

»Kuckuck!« Und noch einmal und immer wieder: »Kukkuck — K-Kuck-uck! Kuckuck . . .«

Schneller und schneller und lauter und lauter erfüllte er den morgendlichen Wald mit seinen Rufen.

»Kuckuck — K-Kuckuck . . .«

Paulchen sah die drei Männer im Haus verschwinden, und sein Herz schlug jetzt so stark, daß er kaum schlucken konnte.

»Kuckuck — Kuckuck . . .« Nur noch leise drang die Stimme des Vogels aus der Schonung. Paulchen hätte sich am liebsten in den Waldboden eingegraben, als er zehn Minuten später den Polizeiwagen mit kreischenden Bremsen vor dem Haus halten sah . . .

»K-K-Kuckuck . . .«

Und dann fiel es Paulchen wie Schuppen von den Augen, und er erkannte die ganze Tragweite seines abscheulich-nichtwiedergutzumachenden-dummen-sträflich-blöden-hundsgemeinen Fehlers.

Als er sah, wie seine beiden Freunde in Handschellen abgeführt wurden, legte er den Kopf auf die Arme und schluchzte in den Waldboden:

»Quak . . . Quak . . . Quak . . . Quak . . . Quak . . .«

Er quakte noch, als längst wieder Ruhe eingekehrt war in Wald und Haus . . .